Success15 fifteen

サクセス15
June 2015
6

http://success.waseda-ac.net/

CONTENTS

お気軽にお問い合わせください。詳しい資料をすぐにお送りします。

7校定員 約1610名

466名合格

3年連続 No.1 都立最難関

都立日比谷高 74名合格

●No.1表記は2015年2月・3月当社調べ

合格者数の集計について 合格者数は、早稲田アカデミー教育グループ（早稲田アカデミー・WAC・ExiV・国研・MYSTA・早稲田アカデミー個別進学館（直営7校舎のみ））及び早稲田アカデミーシンガポール校に、塾生として正規の入塾手続きを行ない、受験直前期まで継続的に在籍し、授業に参加した生徒のみを対象に集計しています。テストのみを受験した生徒、夏期合宿・正月特訓・その他選択講座のみを受講した生徒などは、一切含んでおりません。

明大明治高 全国No.1	明大中野高 全国No.1	中大附属高 全国No.1	中大杉並高 全国No.1	中央大学高 全国No.1	渋谷幕張高 全国No.1	市川高 全国No.1	東邦大東邦高 全国No.1
98名合格	122名合格	81名合格	177名合格	71名合格	101名合格	163名合格	88名合格
定員約100名	定員約165名	定員200名	定員300名	定員120名	定員約40名	定員120名	定員80名

難関校入試の基礎力養成

中3対象 必勝Vコース

新入生受付中

無料 資格審査試験 随時受付中！

難関校合格のための第一段階を突破せよ！

難関校入試に出題される最高レベルの問題に対応していくためには、まずその土台作りが必要です。必勝Vコースでは、重要単元を毎回取り上げ、基本的確認事項の徹底チェックからその錬成に至るまで丹念に指導を行い、柔軟な思考力を養うことを目的としています。開成・国立附属・早慶附属に多数の合格者を送り出す９月開講「必勝コース」のエキスパート講師達が最高の授業を展開していきます。

実績ははじめから勉強ができる人たちによってのみ成し遂げられたものではありません。早慶附属高校、開成高校を目指す人がほぼいない状況からのスタートでしたから、「普通の生徒」の成績を飛躍的に伸ばして合格者数を増やしていくしか方法はありませんでした。中学受験や高校受験で本当に普通の学力の子供たちでも難関校に合格できるということを結果で証明したい、一部のできる生徒だけを伸ばすより、普通の学力の生徒を伸ばして合格させることに価値があると、私たちは全力で教務システムのレベルアップに取り組んできました。そして20数年間ひたすら合格実績を伸ばし続けてきたのです。事実、早稲田アカデミーにご入塾頂く生徒は、ごく一部首都圏外から毎週新幹線で通う生徒もいますが、そのほとんどは近所の普通の学力の子供たちで、例えば偏差値70以上が必要とされる開成・国立附属・早慶附属高校に進学した生徒の中１当時の偏差値は、５割以上が40台から50台なのです。早稲田アカデミーがこの20数年間で培ってきた、生徒を本気にさせ学力を飛躍的に伸ばすノウハウは、どの進学塾にも負けることはないと胸を張れる完成度となりました。それは今年の結果でも証明できたと考えています。

受験勉強を通して子供たちは大きく成長します。

受験勉強を否定的に捉える人もいますが、私たちは極めて肯定的に捉えています。なぜならやり方・取り組み方によっては「何事にも本気で取り組む姿勢」「苦しさつらさをはねのける強さ」「一生なくならない高い学力・思考力」を身につけさせることができるからです。そして夢にまで見た憧れの学校に合格した感動や自信は一生消えない生徒自身の宝になり、支えるご家族にとっても何物にもかえがたい宝物になるからです。開成高校や早慶附属高校に進学していない生徒さんも、成績を飛躍的に伸ばし他の難関校に進学される方がほとんどであり、早稲田アカデミーで頑張ってよかったと、毎年大変多くの感謝の声を頂いております。

現在早稲田アカデミーに通われている皆様、そしてこれから早稲田アカデミーに入塾される皆様の信頼と期待にお応えするために、私たちはこれからも、全力で最高の進学塾創りに取り組み続けて参ります。

（No.1表記は2015年２月・３月当社調べ）

酒井　和寿
早稲田アカデミー
教務部 次長
高校入試部門　統括責任者

お問い合わせ、お申し込みは早稲田アカデミー各校舎または本部教務部 03（5954）1731 までお願いいたします。

小5K・小6K
中1～中3

入塾生受付中!!

15年連続
全国
No.1

早慶（一次）高 1

8年連続
全国
No.1

開成高 82名合格!

定員
100名

2年連続
全国
No.1

筑駒・筑附 学大附・お茶附高 157名合格!

4校定員
約515名

高校	全国No.1	合格者数	定員
開成高	全国No.1	82名合格	定員100名
慶應女子高	全国No.1	87名合格	定員約100名
慶應志木高	全国No.1	285名合格	定員約230名
慶應義塾高	全国No.1	284名合格	定員約370名
慶應湘南藤沢高	全国No.1	24名合格	定員約50名
早実高	全国No.1	197名合格	定員180名
早大学院高	全国No.1	252名合格	定員360名
早大本庄高	全国No.1	337名合格	定員約320名
筑駒高	全国No.1	21名合格	定員約40名
筑附高	全国No.1	52名合格	定員80名
学大附高		54名合格（一般30名 内進24名）	定員335名
お茶附高	全国No.1	30名合格	定員約60名
立教新座高	全国No.1	344名合格	定員約98名
豊島岡女子高	全国No.1	102名合格	定員90名
青山学院高	全国No.1	99名合格	定員約180名
ICU高	全国No.1	77名合格	定員240名

普通の学力の子供たちの成績を伸ばし憧れの難関高校に合格させる…
早稲田アカデミーには子供たちの「夢」を「目標」に変え、「現実」にする力があります!

「早稲田アカデミーで勉強を始めたころは学校の定期テストも平均点程度」「始めたときの偏差値は 50 がやっと」そんな生徒たちの多くが今年も早稲田・慶應の附属校をはじめとする私国立難関校や都県立トップ校に多数合格してくれました。

2015 年の早慶附属高校の合格者は 1466 名で 15 年連続全国 No.1 となりました。男子私立最難関の開成高校の合格者は 82 名で 8 年連続全国 No.1 を達成、女子私立最難関の慶應女子高校の合格者は 87 名で 7 年連続全国 No.1 を達成しました。また 5 教科入試でかつ首都圏国立附属最難関の筑波大学駒場高校 21 名（No.1）、筑波大学附属高校 52 名（No.1）、お茶の水女子大学附属高校 30 名（No.1）を達成。さらに渋谷幕張や豊島岡女子・立教新座・中大杉並・中大附属・青山学院・ICU・明大明治・市川・東邦大東邦・巣鴨・城北など数多くの人気大学附属校や難関進学校でも全国 No.1 の実績を出しています。さらに都立最難関の日比谷高校において合格者数 3 年連続 No.1（74 名）など、難関都県立高校へもトップレベルの合格者を送り出しています。

中学入試においても素晴らしい結果になりました。最難関である御三家中に 356 名合格、さらに人気校の武蔵中 No.1、早実中 No.1、早大学院中 No.1、早稲田中 No.1 など多くの難関中学において素晴らしい結果を残すことができました。

普通の学力の子供たちの成績を飛躍的に伸ばして合格させたことに価値がある！

早稲田アカデミーが早慶附属高校 No.1 を目指した当時の早慶附属高校の合格者数はわずか 38 名、そこから 11 年で全国 No.1 を達成し今年も 1466 名という圧倒的な実績を記録しています。また開成高校全国 No.1 を宣言した年の開成高校合格者はわずか 5 名、そこからわずか 7 年で合格者は 10 倍以上に増加し、8 年連続で合格者数全国 No.1 を達成しました。この

時代は 一流中学 高校受験 早稲田アカデミー

小1～中3 夏期講習会

5/25 受付開始

早稲田アカデミーの夏期講習会は、いずれの学年も学力別クラス編成で、きめ細かい指導を展開。平常授業の数か月分に匹敵する学習時間で、既習事項の総まとめと2学期の先取り学習を行います。

本気★感動★夢★可能性 **夏期合宿** 2015 Summer School

12,000名が参加する日本一の夏期合宿

小4 小5 小6 中1 中2 中3

詳しくはホームページで!!

早稲アカを体感してください

早稲田アカデミーの夏期講習会では、毎年多くの新入塾生の方々が参加し、「もっと早く入塾すれば良かった」「勉強っておもしろい！」という声を頂いております。楽しい授業と信頼できる先生たちが君を待っています。「今、他の塾に通っているんだけど…」「塾は初めてで不安だな…」という方も、まずはお問い合わせください。早稲田アカデミーの夏期講習会で、きっと満足のいく授業に出会えるはずです。もちろん夏期講習会だけ参加の方も大歓迎です。この夏、早稲田アカデミーの夏期講習会で大きな一歩を踏み出しましょう!

夏を制する者は受験を征す

夏は受験生にとっては天王山、また受験生でなくても、長い夏休みの過ごし方ひとつで大きく差がついてしまいます。この休みを有意義に過ごすために、早稲田アカデミーでは家庭学習計画表などを活用し、計画的な学習を進めていきます。夏期講習会の目的は1学期の学習内容を確実に定着させ、先取り学習で2学期以降に余裕を持たせることにあります。受験学年の平常授業の3か月分に匹敵する25日間の集中学習は、2学期以降のステップアップの大きな支えとなるでしょう。

中1

首都圏トップレベルを目指す中1生集まれ!

中1Sクラス選抜試験 6/13(土)

中1最上位クラスである「中1S(選抜)クラス」は、今回の選抜テストにより夏期講習会からのクラスが再編されます。君も中1Sクラス選抜試験にチャレンジしよう!

【科目】英・数・国

パソコン・スマホで簡単申込み!!

無　料
別日受験できます!

【実施会場】 早稲田アカデミー各校舎
時間は校舎により異なります。

中2・中3

開成・国立附属・早慶附属高を目指す中2・中3対象

特訓クラス選抜試験 6/13(土)

最上位クラスである「特訓クラス」は、今回の選抜テストにより夏期講習会からのクラスが再編されます。君も特訓クラス選抜テストにチャレンジしよう!

【科目】英・数・国・理・社

パソコン・スマホで簡単申込み!!

無　料
別日受験できます!

【実施会場】 早稲田アカデミー各校舎
時間は校舎により異なります。

受付時間 12：00～20：30（日・祝 除く）

神奈川地区	
横浜校	045(314)6261(代)
綱島校	045(544)2501(代)
上大岡校	045(844)4011(代)
二俣川校	045(362)6811(代)
センター北校	045(913)9561(代)
たまプラーザ校	045(903)4311(代)
青葉台校	045(984)6001(代)
東戸塚校	045(824)8311(代)
川崎校	044(556)0721(代)
新百合ヶ丘校	044(953)3411(代)
若葉台校	044(988)3611(代)
武蔵小杉校	044(733)2501(代)
宮崎台校	044(853)5211(代)
溝の口校	044(822)4611(代)
登戸校	044(934)3031(代)
相模大野校	042(745)0511(代)
中央林間校	046(272)6811(代)
湘南台校	0466(43)6501(代)
本厚木校	046(295)8201(代)

埼玉地区	
大宮校	048(645)7181(代)
北浦和校	048(822)8001(代)
南浦和校	048(887)3481(代)
所沢校	04(2939)3301(代)
小手指校	04(2926)5811(代)
朝霞校	048(462)3061(代)
志木校	048(487)2811(代)
上福岡校	049(267)4611(代)
川越校	049(246)2511(代)
鶴ヶ島校	049(234)3711(代)
川口校	048(226)2421(代)
東川口校	048(297)8731(代)
蕨校	048(262)4511(代)
戸田公園校	048(447)0811(代)
上尾校	048(772)5581(代)
熊谷校	048(524)8011(代)
春日部校	048(733)5521(代)
新越谷校	048(988)4911(代)
せんげん台校	048(978)6851(代)

千葉地区	
千葉校	043(224)0311(代)
海浜幕張校	043(296)6011(代)
稲毛海岸校	043(277)4051(代)
新浦安校	047(355)9111(代)
柏校	04(7144)4351(代)
松戸校	047(361)7041(代)
新松戸校	047(341)1841(代)
津田沼校	047(471)9511(代)
船橋校	047(426)7451(代)
市川校	047(322)7641(代)
妙典校	047(398)7411(代)
八千代緑が丘校	047(459)8701(代)
勝田台校	047(486)6511(代)

茨城地区	
つくば校	029(859)4461(代)

東大への架け橋

VOL.3

text by ゆっぴー

集中して勉強するための極意

どうしたら集中して勉強できますか?

塾講師のアルバイトで中高生と話すとき、必ずと言っていいほどこの質問を受けます。みなさんのなかにも「頭ではわかっていても、色々な誘惑に負けてしまって勉強に集中できない」という人は多いかもしれませんね。今回はそんなみなさんに、集中して勉強する秘訣をお伝えしたいと思います。

さて、先ほどのような質問をされると、まずは「スマホを見ながら、『ながら勉強』していない?」と聞き返します。するとほとんどの場合「しています」という答えが返ってきます。私が中学生のころの携帯はガラケーが多く、SNSもいまほど流行っていなかったのですが、もし、当時にこうしたものがあったとしたら、私も絶対「ながら勉強」していたと思います。しかし、ながら勉強では集中できないのは当然です。勉強中についチェックしてしまったり、「少しだけ」という気持ちだったのに結局だらだらとやってしまったり…。もしこういう習慣がある人は一刻も早く対策を講じましょう!

対策の1つとして、試験2週間前によく使うスマホのアプリを消して、やめるという方法があります。もし、仲のいい友達はやっていて、自分だけやめるのは後ろめたいと思うのなら、思いきって友だち同士で「試験2週間前はアプリをやめる」という協定を結んでみてはどうでしょう。友達といっしょに勉強を頑張ることで、より深い友情が芽生えるかもしれません。

もう1つの対策は私も受験生のころに実践していた、携帯を親に預けるという方法です。親に頼んで、自分のわからないところに保管しておいてもらうのです。

これらのポイントは、友だちや親に協力してもらうことと、自分の勉強を邪魔するもの（携帯・ゲーム・漫画・音楽など）に手が届かない環境を作るということです。

また、「勉強中どうしても眠くなってしまいます」という相談もよく受けるのですが、この場合もこれらの対策が有効です。例えば私は、眠いときは友だちや家族に起こしてもらうように頼んだり、ベッドの上にプリントや教科書をばらまいて（笑）ベッドに直行しないようにしていました。

勉強に集中するためには、なんといっても環境作りが大切です。「自分には集中力がないんだ…」と嘆く前に、まずは自分が勉強に集中できる環境を作りましょう。

ゆっぴーの大学生活

大学には「ゼミ」と呼ばれる学生主体の講義があります。先生から一方的になにかを教わるのではなく、学生が発言する機会が多いのが特徴です。中高の授業が知識吸収のインプット型授業だとすれば、知識を使って議論や発信をするアウトプット型授業だと言えます。

東大のゼミには色々な種類があり、自分の興味・関心に合わせて自由に選ぶことができます。ちなみに私は、大学2年生までに、法律と人権について学ぶゼミ、国際経済について学ぶゼミ、そして外食産業について学ぶゼミに入っていました。

さらに、ゼミは単に勉強して終わりではありません。1つのクラスのような団結力があるため、メンバー同士の交流がとても盛んです。この写真もゼミのみんなで合宿に行ったときのものです。大学生になったらゼミに積極的に参加して、興味のある分野について思う存分学び、素敵な友人を見つけてみてはいかがでしょうか。

現役東大生・ゆっぴーに答えてほしい質問を大募集!
あなたの質問にゆっぴーが答えてくれるかも?

QRコードからも!!

あて先 〒101-0047 東京都千代田区内神田2-4-2 グローバル教育出版 サクセス編集室
FAX：03-5939-6014 e-mail：success15@g-ap.com まで質問をぜひお寄せください!

キミもチャレンジしてみよう

高校入試 数学問題特集

今回の特集では、今春に出題された数学の入試問題を集めてみました。数学が苦手だと思っているキミ！　新学期が始まって１カ月のこの時期に、入試問題にチャレンジするのはまだ早いと思っているキミ！　この機会に一度チャレンジしてみませんか？　もちろん、数学好きなキミにも満足してもらえるような問題をそろえてありますよ。

開成高等学校

東京｜私立｜男子校

傾向と対策 全般的に取り組みやすい問題であったため、今年度入試の平均点は高めでした。数学が得意な受験生なら、かなりの高得点が取れたと思います。例年以上に基本的な処理能力と表現力が重視された年でした。ポイントとなったのは、ケアレスミスと数学的な記述でしょう。答えだけなら多くの受験生が正解を導き出せたはずですが、開成では大学受験を意識した採点が行われますので、記述のあり方が明暗を分けることになります。

問題

2 1辺の長さがa cm ($a>2$) の立方体Xがある。Xのある頂点Pについて，PA=PB=PC=1 cmとなるXの辺上の点A，B，Cをとり，三角錐《すい》PABCをXから取り除く操作を考える。Xのすべての頂点で同様の操作をして残った立体をYとする。Yの面は1辺の長さがb cmの正三角形または正八角形になった。

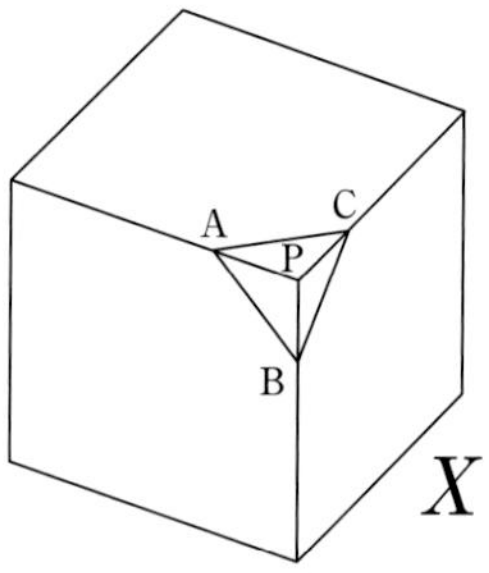

X

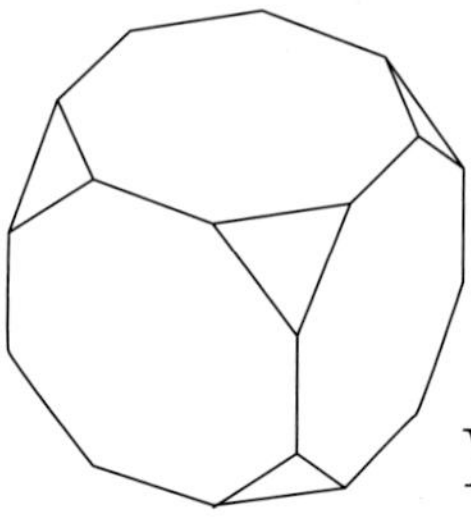

Y

(1) 立体Yの頂点の個数および辺の本数を求めよ。
(2) a, bの値をそれぞれ求めよ。
(3) 立体Yの体積を求めよ。
(4) 立体Yのすべての頂点を通る球Sの半径をr cmとするとき，r^2の値を求めよ。

解説

POINT もともとの立方体Xは6つの面が正方形ですから、底面が正三角形の三角錐を切り取ってできる立体Yの対称性に注目しましょう。

(1) もとの立方体Xのすべての頂点について、その周りに3つの頂点ができるので、
$3\times8=24$
もとの立方体Xのすべての頂点について、その周りに辺が3本増えるので、
$12+3\times8=36$

答 （立体Yの頂点の個数）24個　（立体Yの辺の本数）36本

(2) △ABPは直角二等辺三角形だから、$b=\mathrm{AB}=\sqrt{2}\mathrm{AP}=\sqrt{2}$
これより、$a=2+b=2+\sqrt{2}$

答 $a=2+\sqrt{2}$ (cm)，$b=\sqrt{2}$ (cm)

(3) 立体Yの体積は、立方体Xの体積から、三角錐PABC 8つぶんの体積を引くことで求められるから、
$(2+\sqrt{2})^3-\frac{1}{3}\times\frac{1}{2}\times1\times1\times1\times8=20+14\sqrt{2}-\frac{4}{3}=\frac{56}{3}+14\sqrt{2}$

答 $\frac{56}{3}+14\sqrt{2}$ (cm^3)

(4) 立体Yが対称な図形であることから、
図1の線分PQは球Sの直径であり、
これは**図1**の実線で示された直方体の対角線と等しい。
よって、$\mathrm{PQ}^2=(2r)^2=(\sqrt{2})^2+(2+\sqrt{2})^2\times2$
これより、$4r^2=14+8\sqrt{2}$　よって、$r^2=\frac{7}{2}+2\sqrt{2}$

図1

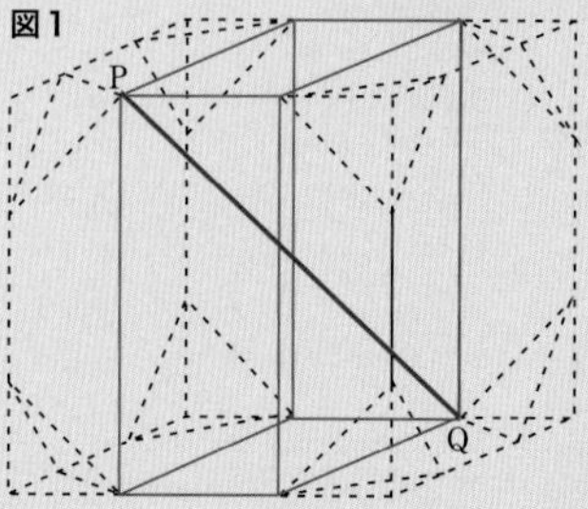

答 $\frac{7}{2}+2\sqrt{2}$

慶應義塾高等学校

東京　私立　男子校

傾向と対策 慶應義塾の数学攻略ポイントは大きく分けて2つあります。1つ目は時間配分です。分量が多いうえにかなり複雑な計算が必要な問題もあるため、どの問題にどれくらいの時間をかけるかをつねに意識しましょう。もう1つは大問の考え方です。数学の大問は前半の答えや考え方を活かして後半の問題を解いていきます。慶應義塾はそれがとくに顕著なので、前半の解法をうまく活用しましょう。

問題

3 1から9までの整数が1つずつ書かれた9枚のカードがある。
この中から5枚を選んで横一列に並べるとき、次の問いに答えなさい。

(1) 左から数えて奇数番目には必ず奇数がある並べ方は何通りあるか求めなさい。

(2) 奇数は、左から数えて必ず奇数番目にある並べ方は何通りあるか求めなさい。

解説

POINT

限られた試験時間内に問題文を整理して正しく読み取れるかどうかが正解にたどりつくコツです。
設問の文章はきわめて短いのですが、(1)(2) それぞれ問題文が、どのように指示しているかを誤りなく把握してください。
(1) は左から1、3、5番目に奇数が入り、(2) は左から数えて偶数番目には偶数が入るという違いがあります。

(1) 5枚のカードは下の図のように並びます。

左から1、3、5番目は、5個の奇数のいずれかになるので、その並べ方は $5\times4\times3=60$ 通り
2、4番目は、残りの6個の整数のいずれかになるので、
その並べ方は $6\times5=30$ 通り
よって、並べ方の総数は $60\times30=1800$ 通り

答 1800通り

---

(2) (2) を素直に考えるとすると、並べた5枚のカード中、奇数が何枚あるかで場合分けが必要となる。
そのためかなり間違えやすい問題になるが、偶数番目には奇数がないと考えると、(1) と同様に解くことができる。
「奇数は、左から数えて必ず奇数番目にある」ということと、
「左から数えて偶数番目には、必ず奇数はない（＝偶数がある）」とは同じことを述べている。
よって、左から2、4番目は、4個の偶数のいずれかになるので、
その並べ方は $4\times3=12$ 通り
1、3、5番目は、残りの7個の整数のいずれかになるので、
その並べ方は $7\times6\times5=210$ 通り
よって、並べ方の総数は $12\times210=2520$ 通り

答 2520通り

傾向と対策 例年通り、今年度も大問５題構成でした。出題分野に偏りはないのが特徴で、今年度は、確率（方程式）、関数、立体図形、平面図形（作図を含む）から比較的典型的な問題が出題されました。対策としては、各単元の知識や基本公式を身につけたうえで、典型的な問題を解けるように演習を積みましょう。また、図形問題では設問ごとに必要な図を自分で書く習慣をつけることが大切です。作図に関してもしっかりと対策しましょう。

お茶の水女子大学附属高等学校

東京 | 国立 | 女子校

問題

5. 図のような線分ABを直径とする半円があり，AB＝20とする。

$\overset{\frown}{AB}$上に点Pをとり直線APをℓ，$\overset{\frown}{PB}$上に点Qをとり直線BQをmとし，ℓとmとの交点をCとする。$\overset{\frown}{PQ}$は次の条件を満たしながらAB上を動く。

・$\overset{\frown}{PQ}=\dfrac{10}{3}\pi$

・$\overset{\frown}{PQ}$は，点Pが点Aと一致するところから，点Qが点Bと一致するところまで動く。

ただし，点Pが点Aと一致するとき，直線ℓは線分ABを直径とする円の点Aにおける接線と考える。同様に点Qが点Bと一致するとき，直線mは線分ABを直径とする円の点Bにおける接線と考える。このとき次の問いに答えなさい。

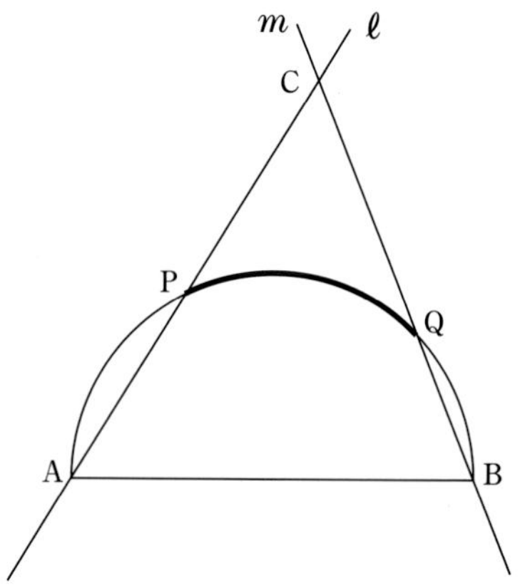

(1) ∠ACBの大きさを求めなさい。

(2) 点Pと点Aとが一致するとき，解答用紙の半円について点Cを作図によって求めなさい。ただし，解答用紙の半円の直径についても，AB＝20とみなす。(解答用紙の半円は省略)

(3) $\overset{\frown}{PQ}$が条件を満たしながら$\overset{\frown}{AB}$上を動くとき，線分ACが通過する部分の面積を求めなさい。

解説

POINT 円の基本性質がきちんと理解されているかが試されているので、公式をきちんと確認しておきましょう。

(1) **図1**のように、半円の中心をOとする。∠POQ＝x°とすると、$\overset{\frown}{PQ}=\dfrac{10}{3}\pi$より、

$2\pi\times10\times\dfrac{x}{360}=\dfrac{10}{3}\pi$が成り立つ。これを解いて、$x=60°$

よって、△OPQは正三角形だから、∠PQO＝60°　……①

また、四角形PABQは円に内接しているから、∠CPQ＝∠OBQ　……②

△OBQは二等辺三角形だから、∠OQB＝∠OBQ　……③

②、③より、∠CPQ＝∠OQB　……④

△CPQの内角と外角の関係から、∠PCQ＋∠CPQ＝∠PQB＝∠PQO＋∠OQB　……⑤

①、④、⑤、より ∠PCQ＝∠PQO＝60°　すなわち、∠ACB＝60°

答 60°

図1

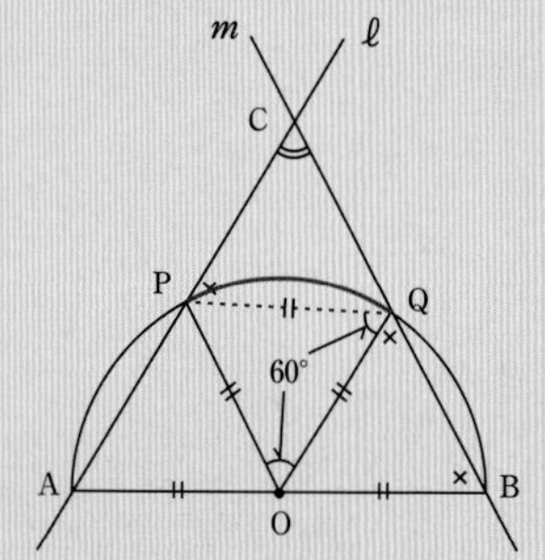

(2) 点Pが点Aと一致するとき、ℓはAを通る半円Oの接線となる。

よって、点Aを通る直線ABの垂線を作図することで、直線ℓを引くことができる。

また、このとき点Qは、∠AOQ＝60°を満たす半円周上にある。

よって、まず、線分ABの垂直二等分線を書いて、ABとの交点Oを作図する。

次に、点Aを中心としてAOを半径とする弧を書いて、半円Oとの交点Qを作図することで、直線mを引くことができる。よって、**答えは図2**のようになる。

図2

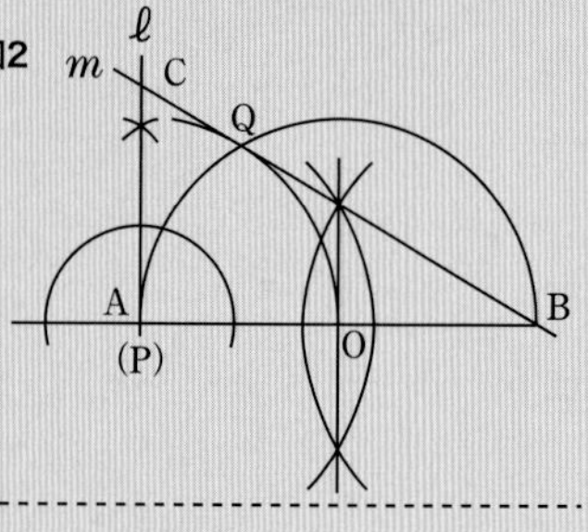

(3) $\overset{\frown}{PQ}$が条件を満たしながら$\overset{\frown}{AB}$上を動くとき、(1)より∠ACB＝60°で一定であるから、円周角の定理の逆より、点Cは**図3**のような$\overset{\frown}{DE}$を描く。ただし、点Dは、点Pが点Aと一致するときのC点の位置を、点Eは、点Qが点Bと一致するときのC点の位置を表して、∠DAB＝∠EBA＝90°である。

この円の中心をO′とすると、円周角の定理より、∠AO′B＝2∠ACB＝120°だから、O′は直線AEと直線BDの交点と一致する。

よって、△O′ADは正三角形、△ABDは30°、60°の直角三角形だから、

$O'A=AD=\dfrac{1}{\sqrt{3}}AB=\dfrac{20}{\sqrt{3}}=\dfrac{20\sqrt{3}}{3}$

以上より、線分ACが通過する部分は、**図3**の斜線で示されるように、

1辺が$\dfrac{20\sqrt{3}}{3}$の正三角形と半径$\dfrac{20\sqrt{3}}{3}$、中心角120°の扇形を組み合わせた形になるので、その面積は、

$\dfrac{1}{2}\times\dfrac{20\sqrt{3}}{3}\times10+\pi\times\left(\dfrac{20\sqrt{3}}{3}\right)^2\times\dfrac{120}{360}=\dfrac{100\sqrt{3}}{3}+\dfrac{400\pi}{9}$

答 $\dfrac{100\sqrt{3}}{3}+\dfrac{400\pi}{9}$ (cm²)

図3

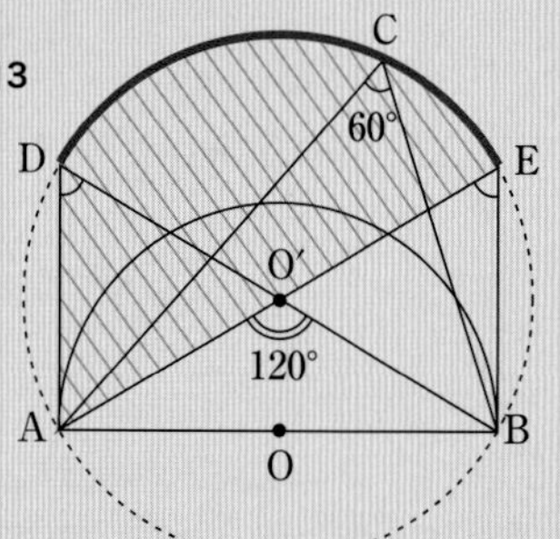

渋谷教育学園幕張高等学校

千葉 私立 共学校

傾向と対策 今年度の後期の問題は今年度前期や、昨年度後期の問題に比べて、比較的取り組みやすかったといえます。そのぶん、合格にはかなりの高得点が必要であったと考えられます。標準的な問題で失点してしまうと大きく差がついてしまうので、難関校向けの問題集を使い、各単元の解法を確認しながら演習を積み重ねましょう。その際、標準的な問題で失点しないような確実性も身につけましょう。

問題（後期）

3 座標平面上に、3点A（−3, 0），B（0, 4），C（2,0）をとるとき、次の問いに答えなさい。

(1) 点Cを通り、直線ABに垂直な直線の式を求めなさい。

(2) 直線ABに関して点Cと対称な点Dの座標を求めなさい。

(3) 直線ABに関して直線 $24x+7y+72=0$ と対称な直線の式を求めなさい。

解説

POINT (1) を間違えると、(2)、(3) も正解できないので慎重に解きましょう。
2直線の直交条件を知っていると簡単に求められます。

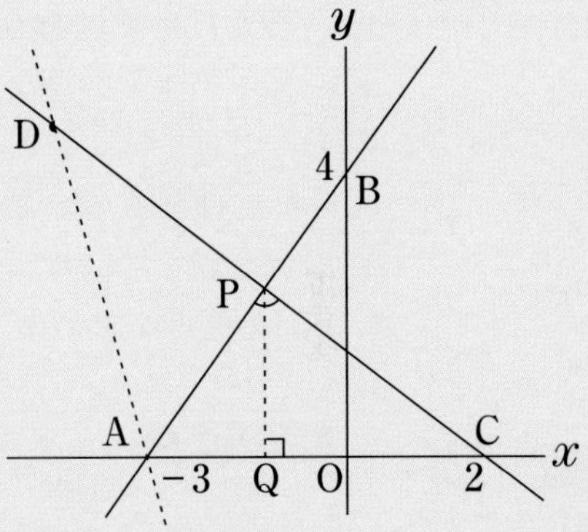

(1) 右図のように、点Cを通り直線ABに垂直な直線と、直線ABとの交点をPとし、Pから x 軸に垂線を引いたときの交点をQとする。

△AQP∽△PQCより、$\frac{QP}{AQ}=\frac{QC}{PQ}$

ここで、$\frac{QP}{AQ}$ は直線ABの傾きを表すから、

$\frac{QP}{AQ}=\frac{OB}{AO}=\frac{4}{3}$

一方、$\frac{QC}{PQ}$ の逆数 $\frac{PQ}{QC}$ は直線CPの傾きの絶対値を表し、右下がりの直線だから、その傾きは $-\frac{3}{4}$ これと、点C（2, 0）を通ることから、

直線ABに垂直な直線の式は、$y=-\frac{3}{4}x+\frac{3}{2}$

＊上の説明から、2直線が垂直に交わるための条件は、「2直線の傾きの積＝−1」であることがわかります。

答 $y=-\frac{3}{4}x+\frac{3}{2}$

---

(2) (1) より、直線ABの式 $y=\frac{4}{3}x+4$ と直線CPの式 $y=-\frac{3}{4}x+\frac{3}{2}$ を連立させて方程式を解くと、

$x=-\frac{6}{5}$, $y=\frac{12}{5}$ より、$P\left(-\frac{6}{5}, \frac{12}{5}\right)$

点Dが直線ABに関して点Cと対称であるとき、点Pは線分CDの中点であるから、D（a, b）とすると、

$\frac{a+2}{2}=-\frac{6}{5}$、$\frac{b+0}{2}=\frac{12}{5}$ が成り立つ。

これを解いて、$a=-\frac{22}{5}$、$b=\frac{24}{5}$

すなわち、D $\left(-\frac{22}{5}, \frac{24}{5}\right)$

答 $D\left(-\frac{22}{5}, \frac{24}{5}\right)$

---

(3) 直線 $24x+7y+72=0$（直線①とする）に $y=0$ を代入すると、$24x+72=0$ より、$x=-3$

よって、直線①は点Aを通る。

また、①式の左辺に点Dの座標を代入すると、

左辺 $=24\times\left(-\frac{22}{5}\right)+7\times\frac{24}{5}+72=0$

となるので、直線①は点Dを通る。

よって、直線①は直線ADと一致する。

(2) より、直線ADと x 軸は、直線ABに関して対称であるから、答えは $y=0$

答 $y=0$

傾向と対策 都立高校は、グループ作成問題として出題されます。出題分野の偏りはなく、全範囲からレベルの高い良問が出されるのが特徴です。比較的難度の高い問題もありますので、しっかり準備をする必要があります。難関私立高校問題も合わせて練習しておき、確かな計算力・思考力を養っていきましょう。また、証明問題を含めた記述型解答を求められる問題についても、対策をしっかり練っておくようにしましょう。

問題

2 右の図１で，点Ｏは原点，曲線fは関数$y=ax^2$のグラフを表している。

２点Ａ，Ｄはx軸上にあり，点Ａのx座標は6，点Ｄのx座標はt（$0<t<6$）である。

四角形ABCDと四角形CEFGはそれぞれ正方形であり，辺FGはy軸上，点Cのy座標は正の数で，点Eのy座標は点Cのy座標より大きい。

曲線fが点Cを通るとき，次の各問に答えよ。

図1

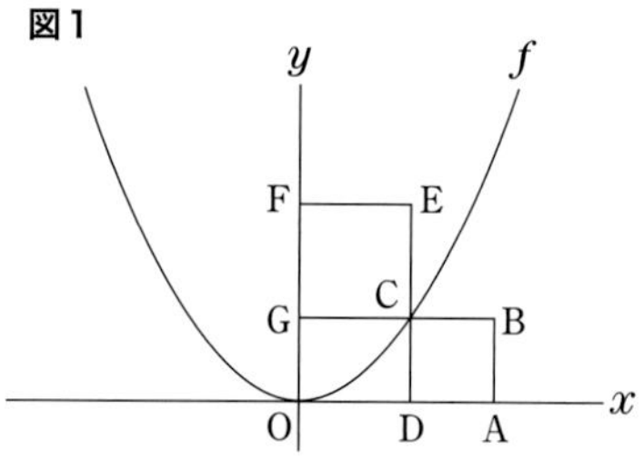

〔問１〕正方形ABCDの面積と正方形CEFGの面積が等しいとき，ａの値を求めよ。

〔問２〕ａ＝1のとき，２点B，Eを通る直線の式を求めよ。ただし，答えだけではなく，答えを求める過程が分かるように，途中の式や計算なども書け。

〔問３〕右の図２は，図１において，曲線f上にある点をHとし，点Fと点Hを結んでできる線分FHの中点が点Eに一致した場合を表している。

点Hの座標を求めよ。

図2

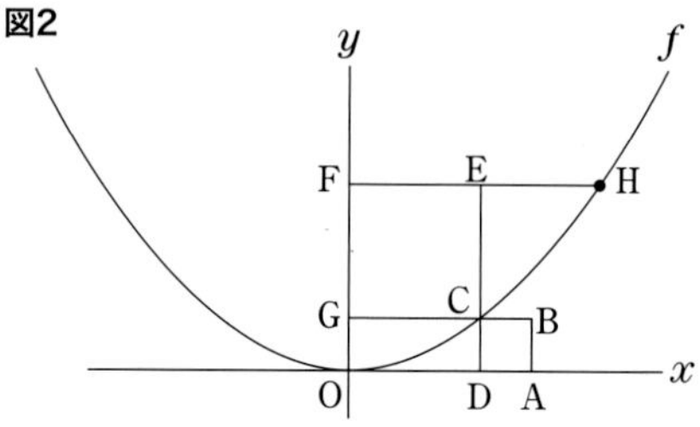

解説

POINT 2次関数（放物線）と図形の融合問題です。Cの座標が文字で表されていますが、このような場合、与えられた図形の性質を利用して、x軸、y軸に平行な線分の長さを文字で表して方程式をつくるのが基本方針になります。

〔問1〕仮定より、正方形ABCDと正方形CEFGの1辺は等しいから、

$GC=CD=\frac{1}{2}OA=3$

よって、C（3，3）だから、$y=ax^2$に代入して、$3=9a$より、$a=\frac{1}{3}$

（答）$a=\frac{1}{3}$

〔問2〕$AD=CD=6-t$であるから、点Cの座標は、$(t,\ 6-t)$と表すことができる。

点Cは放物線$y=x^2$上にあるから、$6-t=t^2$

$t^2+t-6=0$　　$(t+3)(t-2)=0$　　$t=-3,\ 2$　　$0<t<6$より、$t=2$

よって、点Cの座標は（2，4）であるから、点Bの座標は（6，4）、点Eの座標は（2，6）

2点B、Eを通る直線の式を$y=px+q$とすると、

$4=6p+q$　　$6=2p+q$

これを解いて、$p=-\frac{1}{2}$，$q=7$

したがって、求める直線の式は，$y=-\frac{1}{2}x+7$

関数の融合問題では、途中の計算が長くなることが多いので、計算の正確さとスピードの両方を意識した練習が大切です。題意を正しくとらえ、解答への筋道を考えて解くようにしてください。

（答）$y=-\frac{1}{2}x+7$

〔問3〕$FG=GC=t$、$OG=CD=6-t$より、$FO=6$だから、点Hのy座標は6

一方、仮定より、$FH=2FE=2t$だから、点Cと点Hのy座標は、$y=ax^2$に$x=t$および$2t$を代入して、それぞれ，$y=at^2$と$y=4at^2$

よって、$FO=4CD=6$

ゆえに、$4(6-t)=6$が成り立つので、これを解いて、$t=\frac{9}{2}$

これより、点Hのx座標は、$2\times\frac{9}{2}=9$

したがって、点Hの座標は、（9，6）

（答）（9，6）

埼玉県

埼玉 公立

傾向と対策 出題分野は、円、作図、二次関数、折り返し図形などが特徴で、近年の出題傾向はほぼ定着しているようです。そのため近年の過去出題問題を丹念に解いておくことが有効な対策といえます。基礎・基本問題で着実に得点できる実力をつけ、記述解答形式の出題に対しては、完全な解答でなくとも部分点が与えられますので、日ごろから、解答にいたる途中式や図などを、丁寧に書く練習をしておくといいでしょう。

問題

4 AD＝12cmで，縦と横の長さの比が$\sqrt{2}$：１の長方形ABCDがあります。図１のように，線分ACを折り目として折ったとき，点Bの移った点をEとします。また、線分AEと辺DCとの交点をFとします。このとき，次の各問に答えなさい。

なお，考えるときに，別紙を利用してもさしつかえありません。別紙の辺の比は、$\sqrt{2}$：１です。

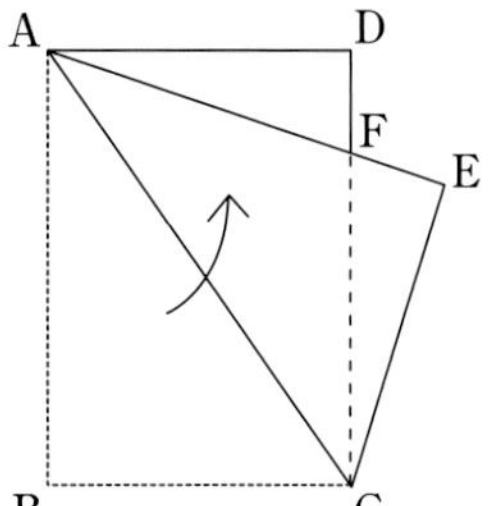

図1

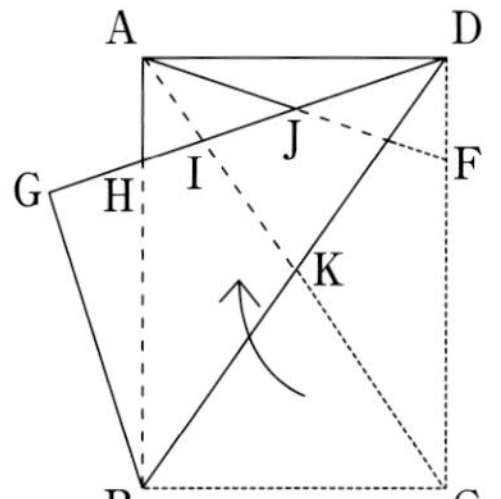

図2

（１） △ACFが二等辺三角形であることを証明しなさい。

（２） 線分EFの長さを求めなさい。

（３） 図１において，線分AFをかき，もとに戻します。次に，図２のように，線分DBを折り目として折ったとき，点Cの移った点をGとします。また，線分GDと線分AB, AC, AFとの交点をそれぞれH，I，Jとし，線分ACと線分DBの交点をKとします。このとき，△AIJの面積を求めます。途中の説明も書いて答えを求めなさい。その際，解答用紙の図に数や記号をかいて，それを用いて説明してもよいものとします。

解説

POINT 図形の折り返しの問題は、埼玉県ではよく出題されています。これは図形の線対称移動ですから、等しい辺や角に注目して、合同の三角形や相似の三角形の組を見つけ出すことがポイントになります。

(1) 証明や説明を書く問題では、途中に出てくる等式などについて、それが成り立つ理由をすべて書くことが原則です。記述問題が苦手な人は、このことを意識して練習を重ね、書けた答案は必ず先生に見てもらいましょう。記述の仕方をマスターすれば、数学において得点源とすることができます。

<証明>

線分ACで折っているので、∠BAC＝∠CAF ……①

また、AB//DC から錯角は等しいので、∠BAC＝∠ACF ……②

①、②から∠CAF＝∠ACF　よって、2つの角が等しいので、△ACFは二等辺三角形である。

(2) EF＝x cmとすると、AE＝AB＝$12\sqrt{2}$だから、AF＝$12\sqrt{2}-x$

(1)よりDF＝EFだから、△ADFにおいて、三平方の定理より、

$12^2+x^2=(12\sqrt{2}-x)^2$ が成り立つ。これより、

$144+x^2=288-24\sqrt{2}x+x^2$

これを解いて、EF＝$x=3\sqrt{2}$ (cm)

（答）$3\sqrt{2}$ (cm)

(3) 線分AC、DBで折っているので、(2) より、AH＝DF＝$3\sqrt{2}$

２組の角がそれぞれ等しいから、△AHJ∽△FDJ（実際は合同）

また、△AHI∽△CDI

よって、HJ：DJ＝AH：FD＝1：1 ……①

HI：ID＝AH：CD＝1：4 ……②

①、②より、IJ：HD＝(HJ−HI)：HD＝$\left(\frac{1}{2}-\frac{1}{5}\right)$ 1＝$\frac{3}{10}$：1＝3：10

△AIJとAHDは点Aを頂点と見ると、高さが等しいので、

△AIJ：AHD＝IJ：HD＝3：10

したがって、△AIJ＝$\frac{3}{10}$ △AHD＝$\frac{3}{10}\times\frac{1}{2}\times12\times3\sqrt{2}=\frac{27\sqrt{2}}{5}$ (cm²)

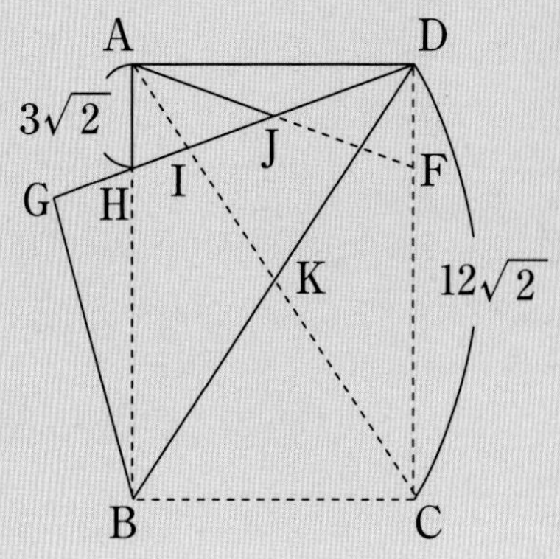

（答）$\frac{27\sqrt{2}}{5}$ (cm²)

一度は行ってみたい！

世界＆日本の世界遺産

2014年に「富岡製糸場と絹産業遺産群」が登録されて話題になった世界遺産ってどんなものか、みんなは知っているかな？　世界遺産は世界中のさまざまな国にあって、そのどれもが自然の雄大さや人類の歴史を感じられるすばらしいものばかりだ。そのなかから今回は世界の有名な６つの世界遺産を紹介しよう。日本の世界遺産も一覧にまとめているから、機会があったらぜひ訪れてみてね。

世界遺産ってなんだろう？

世界遺産は、１９７２年にユネスコ（国際連合教育科学文化機関）総会で採択された「世界の文化遺産及び自然遺産の保護に関する条約」に基づいて登録される物件のことで、顕著な普遍的価値（※）を有するものと規定されている。対象は建造物や遺跡、自然地域など、有形の不動産だ。各国が、条件に当てはまる自国の物件を世界遺産委員会に推薦し、委員会の調査・審議を経て登録の可否が決定される。世界遺産は、その種類によって「文化遺産」「自然遺産」「複合遺産」の３つに分けられる。

文化遺産

顕著な普遍的価値を有する記念物、建造物群、遺跡、文化的景観など。

自然遺産

顕著な普遍的価値を有する地形や地質、生態系、撲滅のおそれのある動植物の生息・生育地など。

複合遺産

文化遺産と自然遺産の両方の価値を持つもの。２０１４年6月時点で、登録されている世界遺産は１００７件。そのうち、文化遺産は７７９件、自然遺産は１９７件、複合遺産は31件だ。

※顕著な普遍的価値…人類全体にとって現代および将来において共通した重要性を持つような極めて優れた文化的な意義や自然的な価値

エジプト

No.1　メンフィスとその墓地遺跡 ー ギーザからダハシュールまでのピラミッド地帯

文化遺産
1979年登録

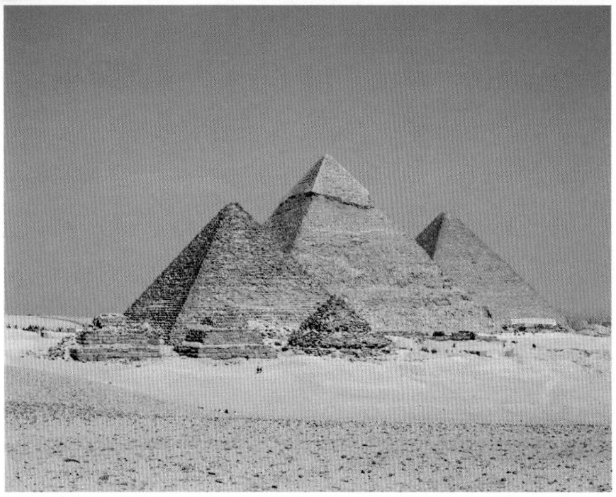

壮大なピラミッドが立ち並ぶ

エジプトと言えば？　多くの人がピラミッドかスフィンクスを思い浮かべるだろう。「メンフィスとその墓地遺跡 – ギーザからダハシュールまでのピラミッド地帯」は、そのエジプトのシンボルマークを含む地帯だ。最も有名なのが、「３大ピラミッド」。ギーザにあるクフ王、カフラー王、メンカウラー王それぞれのピラミッドが並んでいる姿は壮観のひと言（写真）。また、スフィンクスはその３大ピラミッドのそばにある。4000年以上も前の建造物だが、非常に高い建築技術で作られており、その建築方法については、いまだによくわかっていない部分もあるほどだ。

フランス

No.2 ヴェルサイユの宮殿と庭園

文化遺産
1979年登録

17世紀フランスの美が凝縮した宮殿

フランス・パリの南西約20㎞に位置するヴェルサイユ宮殿。「太陽王」と呼ばれたフランス国王ルイ14世によって改築と増築が施され、17世紀フランスの芸術を代表すると言われる豪《ごう》華《か》絢《けん》爛《らん》な宮殿だ。建物の全長は約550m、700を超える部屋からなり、天才造園師ル・ノートルによって作られた広大なフランス式庭園も美しい。宮殿のなかでとくに壮麗なのが「鏡の回廊」。全長73mの回廊は、357枚の鏡をはじめ、多くのシャンデリアや天井、壁面を彩る絵画や装飾で飾られ、きらびやかで美しい空間が広がっており、1919年のヴェルサイユ条約調印の場としても有名だ。

文化遺産
1983年登録

No.3 タージ・マハル

インド

細部までこだわった大理石造りの霊廟

白大理石の美しい外観で有名なタージマハル。左右対称の造りや、トルコ石、水晶などを使った細かい装飾も見事で、その姿はまるで宮殿のよう。じつはこの建物、ムガル帝国の皇帝シャー・ジャハーンが、自身より先に亡くなった愛する妻ムムタール・マハルをいたんで造った霊《れい》廟《びょう》なんだ。建設には莫大な費用と人員、約20年もの歳月をかけたと言われており、庭園などを含めた敷地の全体面積は約17万m^2にもおよぶ。タージマハルを取り囲むようにそびえるミナレット(塔)、その左右に建設されたモスクと迎賓館なども左右対称の造りで、それがさらに美しさを際立たせている。

アメリカ

No.4 グランド・キャニオン国立公園

自然遺産
1979年登録

©chapmanarizona

見渡す限り広がる雄大な景色

アメリカ南西部に位置するグランドキャニオンは、その名の通り全長約443km、深さ平均1600mという雄大な(グランド)峡谷(キャニオン)。これは、現在も谷底を流れるコロラド川の浸食によって作り出されたと言われている。長い年月をかけて削られたその地層は、標高によって色が異なり歴史を感じさせる。観光エリアは谷を挟んでノースリム(北壁)とサウスリム(南壁)に分けられており、展望台やヘリコプターで美しい景色を堪能することが可能。公園内にはコンドルやリスなどのさまざまな動物、1500種類以上の植物が生息している。

No.5　イグアス国立公園

自然遺産
1984年登録

世界最大級の滝とジャングルの調和

アルゼンチンとブラジルの両国にまたがるイグアス国立公園。イグアスとは先住民の言葉で「大いなる水」を意味する。その名の通り、最大落差約70mを含む大小約275もの壮大なスケールの滝と、野生動物が暮らすジャングルからなり、総面積は約６万7620ヘクタールを誇る。イグアスの滝はナイアガラの滝（アメリカ・カナダ）・ビクトリアの滝（ザンビア）と並ぶ世界三大瀑布の１つで、轟《ごう》音《おん》を響かせながら大量の水が流れ落ちる景色は圧巻！　遊歩道やボートで滝に近づいてその迫力を間近に感じることができたり、ジャングルを徒歩やマウンテンバイクで散策もできる。

複合遺産
1987年･1994年登録

No.6　ウルル－カタ・ジュタ国立公園

アボリジニの文化が残る神秘的な岩

ウルル－カタ・ジュタ国立公園はオーストラリアのほぼ中央に位置し、広大な荒野に突如として現れる周囲約9400m、高さ約348mという巨大な一枚岩のウルルと大小36個の岩が連なる奇岩群のカタ・ジュタが見所だ。私たちに身近な英語名はそれぞれエアーズロックとマウント・オルガ。アボリジニの人々が聖地として崇める場所で、岩肌にはアボリジニ・アート、いわゆる壁画が残されており、その文化を感じさせる。1987年に自然遺産として登録され、その後アボリジニの文化的価値が改めて評価されて1994年に複合遺産となった。

日本の世界遺産

日本の世界遺産は、文化遺産14件、自然遺産4件の合計18件。初めて登録されたのは1993年の「法隆寺地域の仏教建造物」で、2014年には「富岡製糸場と絹産業遺産群」が新たに登録された。どれも日本、そして世界の宝物だから、みんなで大切に守って未来へ残していこう。

文化遺産

遺産名称	都道府県名	登録年
法隆寺地域の仏教建造物	奈良県	1993年
姫路城	兵庫県	1993年
古都京都の文化財	京都府	1994年
白川郷・五箇山の合掌造り集落	岐阜県・富山県	1995年
原爆ドーム	広島県	1996年
厳島神社	広島県	1996年
古都奈良の文化財	奈良県	1998年
日光の社寺	栃木県	1999年
琉球王国のグスク及び関連遺産群	沖縄県	2000年
紀伊山地の霊場と参詣道	三重県・奈良県・和歌山県	2004年
石見銀山遺跡とその文化的景観	島根県	2007年
平泉－仏国土（浄土）を表す建築・庭園及び考古学的遺跡群－	岩手県	2011年
富士山－信仰の対象と芸術の源泉	静岡県・山梨県	2013年
富岡製糸場と絹産業遺産群	群馬県	2014年

自然遺産

遺産名称	都道府県名	登録年
屋久島	鹿児島県	1993年
白神山地	青森県・秋田県	1993年
知床	北海道	2005年
小笠原諸島	東京都	2011年

文京区私立中学高等学校
連合進学相談会

入場無料

文化と歴史の香り高い文京区の中学・高校19校が集まります

- 跡見学園 中学・高校［女子校］
- 郁文館 中学・高校［共学校］
- 郁文館グローバル 中学・高校［共学校］
- 桜蔭 中学校［女子校］
- 京華 中学・高校［男子校］
- 京華商業 高校［共学校］
- 京華女子 中学・高校［女子校］
- 駒込 中学・高校［共学校］
- 淑徳SC 中等部・高等部［女子校］
- 昭和第一 高校［共学校］
- 貞静学園 中学・高校［共学校］
- 東京音楽大学 付属高校［共学校］
- 東邦音楽大学 附属東邦中学・高校［共学校］
- 東洋女子 高校［女子校］
- 東洋大学京北 中学・高校［共学校］
- 獨協 中学校［男子校］
- 日本大学豊山 中学・高校［男子校］
- 文京学院大学 女子中学・高校［女子校］
- 村田女子 中学・高校［女子校］

平成27年 5月31日（日） 午前10時～午後4時

秋葉原UDX南ウィング4F

会場最寄駅

JR秋葉原駅 電気街口より 徒歩2分／東京メトロ銀座線 末広町駅 1番3番出口より 徒歩3分／東京メトロ日比谷線 秋葉原駅 2番出口より 徒歩4分／つくばエクスプレス秋葉原駅A3出口より 徒歩3分

問い合わせ

連合進学相談会事務局 駒込学園10:00～16:00 ☎3828-4366

主催 東京私立中高協会第4支部加盟校
後援 東京私立中学高等学校協会

2015 私立中学・高校 進学相談会

子どもたち一人ひとりがいきいきとした学園生活を送れる74校が集合!

6/13 土 10:00～18:00 in 松坂屋上野店

松坂屋上野店 本館6F

入場無料 **予約不要**

参加校

＜東京都＞

- 愛国中高
- 足立学園中高
- 跡見学園中高
- 岩倉高
- 上野学園中高
- 川村中高
- 神田女学園中高
- 関東第一高
- 北豊島中高
- 共栄学園中高
- 京華中高
- 京華商業高
- 京華女子中高
- 麴町学園女子中
- 佼成学園中高
- 駒込中高
- 桜丘中高
- 十文字中高
- 淑徳SC中高
- 淑徳巣鴨中高
- 順天中高
- 潤徳女子高
- 昭和第一高
- 昭和鉄道高
- 駿台学園中高
- 正則高
- 正則学園高
- 星美学園中高
- 成立学園中高
- 青稜中高
- 大東文化大第一高
- 千代田女学園中高
- 帝京中高
- 東京家政大附属中高
- 東京女子学園中高
- 東京成徳大中高
- 東洋高
- 東洋女子高
- 東洋大京北中高
- 豊島学院高
- 二松學舍大附属高
- 新渡戸文化中高（高校は女子）
- 日本学園中高
- 日本工大駒場中高
- 日大豊山中高
- 日大豊山女子中高
- 富士見丘中高
- 文京学院大学女子中高
- 保善高
- 村田女子中高
- 目白研心中高
- 八雲学園中高
- 和洋九段女子中

＜千葉県＞

- 我孫子二階堂高
- 芝浦工大柏中高
- 昭和学院中高
- 聖徳大附女子中高
- 専修大松戸中高
- 千葉商大付属高
- 中央学院高
- 二松學舍大柏中高
- 日本体育大柏高（平成28年より校名変更予定）
- 日出学園中高
- 麗澤中高
- 和洋国府台女子中高

＜埼玉県＞

- 浦和学院高
- 浦和実業学園中高
- 大宮開成中高
- 春日部共栄中高
- 埼玉栄中高
- 昌平中高
- 獨協埼玉中高
- 武南中高

＜茨城県＞

- 取手聖徳女子中高

※●は女子校,●は男子校,●は共学校。

プレゼント多数

主催 新しい教育を担う私学の会
協賛 松坂屋上野店 声の教育社

● JR「御徒町」駅下車 ● 日比谷線「仲御徒町」駅下車
● 大江戸線「上野御徒町」駅下車 ● 銀座線「上野広小路」駅下車

お問い合わせ先 駒込学園企画広報室 03-3828-4366（直）

一貫教育校の特色を活かし バランスの取れた人材を世界へ

KEIO SHIKI SENIOR HIGH SCHOOL

慶《けい》應《おう》義《ぎ》塾《じゅく》志《し》木《き》高等学校

埼玉県　志木市　男子校

学習を主体とした「研修旅行」や大学レベルの内容が展開される「自由選択科目」、24もの言語が用意されている「語学課外講座」など、一貫教育校だからこそ用意できる独自のカリキュラムが魅力です。新たな留学制度や国際交流プログラムも導入され、世界で活躍する人材の育成が積極的に行われています。

髙橋《たかはし》 郁夫《いくお》 校長先生

アットホームな雰囲気のなか伝統ある教育を展開する

慶應義塾志木高等学校（以下、慶應志木高）は、１９４８年（昭和23年）に慶應義塾農業高等学校として開校され、１９５７年（昭和32年）に現在の普通科・慶應義塾志木高等学校となりました。

慶應義塾の創設者・福澤諭吉が書いた「慶應義塾の目的」は、「慶應義塾は、どこにでもあるような学校の一つとなることで満足するところではなく、義塾で学ぶ塾生や塾員が、日本における『気品の泉源』・『智徳の模範』となることを目指す学塾である」と要約できます。また福澤は、「むやみに権力に従うのではなく、自ら考え、自分の責任において物事を判断し行動すること、またその際に、自分をおとしめず、同時に他の人々のことも尊重し、自分と同じように大切にすること」を意味する「独立自尊」を唱えました。

「慶應義塾の目的」と「独立自尊」の精神に基づいて、慶應志木高は4つの教育目標を掲げています。

①塾生としての誇りを持たせること
②基礎的な学問の習得
③個性と能力をのばす教育
④健康を積極的に増進させること

髙橋郁夫校長先生は「生徒には将来世界で活躍できる人材に育ってほしいと思っています。そのために、本校では幅広い分野を学び、豊かな人間性と総合的な学力を身につける教育を展開しています。慶應義塾は、海外に同窓会があるほど、世界で活躍している卒業生が多く、国際交流を行う際などにはOBの方々にもご協力いただいております。先輩・後輩のつながりが強いのも慶應義塾の特徴です。本校でも、卒業生がクラブ活動のコーチをしてくれたり、高3向けに大学での学びや生活についてメッセージを書いた冊子を作ってくれたりとアットホームな雰囲気があります」と話されました。

クラブ活動

19の運動部、11の文化部がある慶應志木高。約9割の生徒がクラブ活動に参加し、日々練習に励んでいます。

幅広い学力を養い 考察力を培う教育

慶應志木高では、大学進学を見据えた学問の真髄を追求する教育が展開されています。単一学期制、週6日制を採用し、定期試験は6月、11月、学年末に行われます。定期試験ごとに成績が出されますが、1回の試験の結果だけではなく、6月は4～6月、11月は4～11月、学年末は1年間の成績と、年間を通じて生徒の成長を見守り評価します。

カリキュラムは一貫教育校としての特性を活かし、大学受験にとらわれることなく、バランスよく学べるように編成されています。進学する学部によって文系・理系にクラスを分けることもありません。

「本校がめざす教育は、確かな知力と物事を深く考察する冷静な判断力を養うということです。例えば、社会科では高校生には少し難しい古典作品をじっくりと読み、内容について考察させレポートを書かせたりしています」と髙橋校長先生が話されるように、日ごろから自分でしっかりと物事について考える姿勢を養う授業が展開されています。

そうした教育の特徴が最もよく表れているのが、1・2年次の「研修旅行」です。研修旅行は、レポートの提出が義務づけられている、学習を目的とした旅行です。

1年次は箱根を訪れます。火山性ガスの性質を調査したり、博物館や美術館を訪れたりと、理科や社会など複数の教科にまたがる研修です。

2年次には諏訪から糸魚川地域周辺へ出かけます。その地域の水質や地質を調査し、環境汚染や日本列島形成の歴史について考察する理科の総合的な研修となっています。

また、3年次の自由選択科目も特徴の1つです。「法学入門―社会のルールはどうなっているのか？」「日本の四季の天気―天気予報のための読図と予想」など、バラエティに富んだ科目が用意され、内容は大学レベルにおよびます。

魅力的な「語学課外講座」新たな留学制度も始まる

文部科学省によって、2014年度（平成26年度）からスーパーグローバル（SG）大学トップ型に指定された慶應義塾大。これは、世界レベルの教育を行う大学として、世界ランキングトップ100をめざす力のある大学を支援する制度です。こうして国際化が進められている慶應義塾大へ生徒を送り出す慶應志木高でも、魅力的な外国語教育、国際交流が行われています。

2年次の「総合的な学習の時間」では、「アイヌ文化に触れる」「ハンムラビ法典を読む」など、言語、民族などに関する24講座が開かれ、生徒は2講座を選択し履修します。

また、金曜日の7時限目には「語学課外講座」が開催されています。これは学年を問わず希望者が受講できるものです。タイ語・アラビア語・フィンランド語など、24もの言語が用意され、大学の外国語学部にも負けないほどの充実ぶりです。

そして、国際交流も積極的に行われています。

夏季休暇中などには、オーストラリアのトゥーンバ・グラマー・スクール、台湾の薇閣雙語高級中學（Taipei Wego Private Bilingual Senior High School）、ハワイのプナホウ・スクールを訪問する短期プログラムがあります。2015年度（平成27年度）からは、フィンランドのルオスタリヴオリ高校との交流も始まります。

また、今年度からプナホウ・スクールで従来のプログラムとは別にSGLI（Student Global Leadership Institute）プログラムにも参加します。アメリカを含む各国から集まった高校生が、ある1つのテーマについて討論するというもので、自分が暮らす地域でそのテーマに基づいてどのようなことができるかを具体的に考えるという、リーダーシップ力も育てるプログラムになっています。2015年度（平成27年度）のテーマは「法の下の平等」です。ハワイを訪れる期間は2週間ですが、帰国後もテーマについて引き続き考察し、報告することが義務づけられています。

こうしたプログラムに加え、慶應義塾による新たな留学制度、「慶應義塾一貫教育校派遣留学制度」も発

授業風景

確かな学力と考察力を養う授業が展開されています。3年次には、生徒の興味・関心を高める多彩な自由選択科目が用意されています。

国際交流

オーストラリア短期訪問プログラム

台湾短期訪問プログラム

充実した国際交流プログラムも魅力の1つ。海外の生徒と交流することで生徒は大きく成長します。

足しました。慶應義塾の一貫教育校（高校段階）から選抜された生徒を、無償でアメリカもしくはイギリスの名門ボーディングスクール（寄宿制学校）に10カ月〜1年間派遣し、世界中から集まる優れた人材と寝食をともにしながら切磋琢磨するという魅力的な制度です。この制度で留学した場合、帰国後留年することなく大学へ進学することができます。

「名門のボーディングスクールは、勉強だけでなく、芸術やスポーツなど、勉強以外にも卓越した能力がある人材を求めています。本校の生徒は勉強はもちろん、クラブ活動や課外活動に意欲的に取り組んでいるので、この制度にも積極的に挑戦してほしいですね。」（髙橋校長先生）

　このような魅力的な教育を展開している慶應義塾志木高等学校。四季を感じる自然に恵まれたキャンパスで、生徒はさまざまなことに取り組み、バランスの取れた人材へと成長し、大学へと進学していくのです。

　進路・進学指導としては、学部ごとに説明会やキャンパスツアー、模擬授業などが実施され、生徒たちは担任との面接などを通して志望学部を決めていきます。推薦学部は、個々の志望を尊重し、在学中の成績などで総合的に判断されます。

学校行事

　学習を目的とした研修旅行、森林の維持活動などを行う志木の森ツアー、男子校ならではの迫力ある運動会など、魅力的な行事が盛りだくさんです。

1年生研修旅行

収穫祭（文化祭）

早慶戦

マラソン大会

2年生研修旅行

3年生見学旅行

運動会

志木の森ツアー

髙橋校長先生は「本校に入学したら、ゆくゆくは慶應義塾大へ進むので、中学生のみなさんには大学でどんなことを勉強したいか、社会に出てどんな職業に就きたいかということまでよく考えて受験してほしいと思います。本校の教育を十分理解し『慶應義塾志木高等学校で学びたい、慶應義塾大学で学びたい』という強い意志を持つ人にぜひ来ていただきたいです」と締めくくられました。

2015年3月卒業生の慶應義塾大学進学状況

学部名	進学者数	学部名	進学者数
文学部	12	総合政策学部	3
経済学部	96	環境情報学部	8
法学部	80	看護医療学部	0
商学部	35	薬学部	6
医学部	7	他大学受験など	1
理工学部	44	計	292

School Data

所在地　埼玉県志木市本町4-14-1
アクセス　東武東上線「志木駅」徒歩7分
生徒数　男子のみ825名
TEL　048-471-1361
URL　http://www.shiki.keio.ac.jp/

1学期制　週6日制
月〜金6時限、土4時限
50分授業　1学年6クラス
1クラス約40名

数学

楽しみmath 数学！DX

資料の整理と活用 用語の意味を 正確に覚えよう

登木 隆司先生
早稲田アカデミー 城北ブロック ブロック長
兼 池袋校校長

今月は、資料の整理と活用を学習します。

はじめに、資料全体の特徴を表す代表値（平均値）、最頻値（モード）、中央値（メジアン）に関する問題です。

問題１

右の度数分布表は，あるクラスの生徒35人が受けた小テストの得点をまとめたものである。

次の問いに答えなさい。

得点（点）	人数（人）
1	2
2	x
3	9
4	y
5	6
計	35

⑴　$x=5$，$y=13$のとき，得点の最頻値（モード）は何点か，求めなさい。

⑵　得点の平均値が3.4点となるとき，xとyの値を求めなさい。

⑶　次の[ア]と[イ]にあてはまる数をそれぞれ求めなさい。

> 得点の中央値（メジアン）が３点となるのは，得点が４点であった生徒が[ア]人以上[イ]人以下のときである。

（兵庫県）

<考え方>

⑴　度数分布表、または、ヒストグラムや度数分布多角形（度数折れ線）で、最大の度数をもつ階級値を最頻値（モード）と言います。

⑵　この問題では、「（得点）×（度数）の総和」を度数の合計で割れば平均値が求められます。また、度数分布表の階級に幅がある場合には、階級値（階級の中央の値）を求め、「（階級値）×（度数）の総和」を度数の合計で割って平均値を求めます。

＊平均値＝$\dfrac{\text{（階級値）×（度数） の総和}}{\text{度数の合計}}$

⑶　数値で表された資料を大きさの順に並べたとき、その中央にある数値を中央値（メジアン）と言います。資料の数が偶数個のときは、中央の２つの数の平均をとって中央値とします。

<解き方>

⑴　$x=5$、$y=13$のとき、４点の階級の度数が最大になるので、最頻値（モード）は**４点**

⑵　人数の関係から、$2+x+9+y+6=35$

　⇒　$x+y=18$　……①

クラス全体の得点合計の関係から、

$1\times2+2x+3\times9+4y+5\times6=3.4\times35$

　⇒　$x+2y=30$　……②

①、②の連立方程式を解いて、$x=$**6**、$y=$**12**

⑶　35人を得点の大きい方から順に並べたとき、中央になるのは$(1+35)\div2=18$より、18番目。これが３点の階級にあるためには、

英語で話そう！

川村 宏一先生
早稲田アカデミー　教務部中学課
上席専門職

朝がちょっぴり苦手な中学３年生のサマンサは、父（マイケル）と母（ローズ）、弟（ダニエル）との４人家族。

ある日曜日の午後、サマンサは買い物にやってきました。そこですてきな帽子を見つけましたが、サイズが合いません。

５月某日

Samantha：This hat is very nice. But it's too big for me. …①
サマンサ　：この帽子とてもすてき！ でも私には大きすぎるわ。

Clerk：Shall I show you a smaller one ?
　　　How about this ? It's 50 dollars. …②
店員　：もっと小さいものをお見せしましょうか？
　　　これはいかがですか？　50ドルです。

Samantha：It's expensive for me.
　　　　　Please show me something a little cheaper. …③
サマンサ　：私には高いわ。
　　　　　もう少し安いものを見せてもらえませんか？

Clerk：Sure.
店員　：かしこまりました。

今回学習するフレーズ

解説①　too ～	あまりにも～／～すぎる (ex) This dress is too small for her. 「この服は彼女には小さすぎる」
解説②　How about ～？	「～はいかがですか」と提案、勧誘するときの表現 (ex) How about (going for) a walk? 「散歩に行きませんか」
解説③　something＋形容詞	なにか～なもの (ex) Would you like something cold to drink ? 「冷たい飲み物はいかがですか」

Bungou Retsuden

古今文豪列伝

第7回

志《し》賀《が》直《なお》哉《や》

Naoya Shiga

志賀直哉は、明治から昭和にかけての日本を代表する作家だ。

父は総武鉄道や帝国保険の役員などを務めた財界人で、父の赴任先の関係で、1883年（明治16年）、現在の宮城県石巻市に生まれた。

2歳で上京し、以後、学習院初等科、中等科、高等科を卒業して、1906年（明治39年）、東京帝国大学（現東京大）英文科に入学、のちに国文科に移った。

高校から大学にかけて無教会派のクリスチャン・内村鑑三に師事したけど、やがて離れてしまった。

1910年（明治43年）、武者小路《むしゃのこうじ》実篤《さねあつ》や木下利玄《きのしたりげん》ら学習院の仲間と文芸雑誌『白樺《しらかば》』を創刊、『網走《あばしり》まで』を発表した。以後、白樺派と呼ばれるようになる。

この年、大学を中退。1912年（大正元年）に、キリスト教との訣別や家庭との対立を描いた『大津順吉』を『中央公論』に発表。翌年、自我を主張するために積極的な人生を歩む姿を描いた『清兵衛《せいべえ》と瓢箪《ひょうたん》』や『范《はん》の犯罪』を発表して、作家としての地位を築いていくことになる。

だけど、父との対立、家庭の不和などから数年にわたって筆をとれない生活が続いたんだ。

しかし、生前の夏目漱石と執筆の約束をしていたこともあって、1921年（大正10年）から『改造』に『暗夜《あんや》行路《こうろ》』の連載を始めた。

途中、挫折をしながらも、ようやく1937年（昭和12年）になって完成させることができた。『暗夜行路』は、志賀直哉唯一の長編小説で、代表作でもあるといえる。

父とのことは1917年（大正6年）に発表した『和解』に詳しい。この時点で、父との不和は解消されたという。同年『城《き》の崎《さき》にて』を、そして、1920年（大正9年）には『小僧の神様』を発表している。

志賀直哉の小説の特徴は、私小説ながらも描写力が優れていることと、強力な個性だ。一種の孤高的な香りがすると評する人もいるんだ。

1949年（昭和24年）、親交のあった谷崎潤一郎とともに文化勲章を受章。1971年（昭和46年）、肺炎と老衰で死去。88歳だった。

志賀直哉は、多くの作家を育てたことでも知られる人物だ。おもな弟子には小林多喜二《こばやしたきじ》、瀧井孝作《たきいこうさく》、尾崎一雄《おざきかずお》、阿川弘之《あがわひろゆき》がいる。

『暗夜行路』
890円＋税
新潮文庫

今月の名作　～志賀直哉　『暗夜行路』～

父がヨーロッパに旅行中に、母と祖父の間に生まれた主人公は、そのことで悩む。主人公は成人して結婚するが、妻がまた同じような過ちを犯してしまう。その苦悩から自身を解放し、心の広さを得ようとして主人公は山にこもるが…。

みんなの数学広場

TEXT BY かずはじめ
数学を子どもたちに、楽しく、わかりやすく、使ってもらえるように日夜研究している。好きな言葉は、"笑う門には福来る"。

A
×
B
×
C
○
A
×
B
×
C
○
A
×
B
×
C
○

初級～上級までの各問題に生徒たちが答えています。
どの生徒が正しい答えを言っているか当ててみよう。
もちろん、当てずっぽうじゃなく、実際に問題を解いてみてね。

問題編

答えは次のページ

初級

今回は初級からいきましょう。
いつもとちょっと違って、とんち的な問題です。

スーパーマーケットの閉店間際、新商品の試食コーナーには、最後の6個の新商品の試食品があります。ここに最後の3人のお客さまが登場。お店としては、この最後の6個の試食品を全部お客さまに渡したい。1人のお客さまに6個とも渡してもいいとすると、この分け方は何通り？

A
答えは…
2通り
6÷3＝2だよ。
B
答えは…
18通り
6×3＝でしょう。
C
答えは…
21通り
なんとなく…。

中級

３人で2500円の品物を買うことにしました。そこでまず３人で1000円ずつ出しあい、500円のおつりをもらいました。このおつりのうち100円ずつを３人に返し、残りの200円を募金しました。３人は１人1000円出して100円のおつりだから、１人900円ずつ出し、200円の募金をしたので
900円×３人＋200円＝2900円
最初に1000円ずつ出したから３人で3000円なのに、残りの100円はどこに？

A
答えは・・・
じつは300円募金
してたんじゃない？
B
答えは・・・
200円の募金だから
200円引くのでは？
C
答えは・・・
2900円の品物を
買っていたんだよ！

上級

水槽に合計 200 匹の赤い金魚と黒い出目金がいます。その 99%は赤い金魚です。この水槽の 98%を赤い金魚にするには、何匹の赤い金魚を取り除けばいいでしょうか？

A
答えは・・・
2匹
100-2で98だもん。
B
答えは・・・
50匹
これぐらい出さないと。
C
答えは・・・
100匹
50匹でも全然足りないよ。

初級

正解は C

これは、6個の試食品を○で書いて表すとすると、

6個の試食品は○○○○○○となります。

さらに、これを例えば、太郎、次郎、三郎の3人で分けた場合、それぞれに分配する数を／で区切って表します。

○／○○○／○○

と表したとき、左から太郎が1個、次郎が3個、三郎が2個に分けたことになります。すると、6個を3人で分けることは、

＿○＿○＿○＿○＿○＿○＿

上の7カ所の＿の部分に／を2カ所入れればいいということと同じになります。

これを計算で表すと、7カ所の＿から2カ所を選ぶので

$_7C_2=21$

になります。この計算がわからないときは、上の＿部分を数字にするとわかります。

❶○❷○❸○❹○❺○❻○❼

として、❶❷、❶❸、❶❹、❶❺ … ❻❼

と数えても21通りとわかります。

A ×

考えた？

B ×

単純すぎるよ！

C 正解

中級

正解は B

だって、募金をしたのですから品物代金には影響をしません。
したがって、品物代金は900円×３人－200円＝2500円なのです。
これに募金が200円で３人の合計の2700円になります。

A ×

問題に募金は200円とありますよ。

B 正解

C ×

問題をよく読んで！

上級

正解は C

この水槽では200匹の１％は黒い出目金です。この事実は変わりません。
つまり、つねに200×１％＝２匹は黒い出目金なのです。ということは、いま、200－２＝198匹の赤い金魚が水槽にいます。ここで水槽の98％が赤い金魚になるには、水槽の２％が黒い出目金となることが必要です。この2％が2匹ですから、全体は100匹です。
結果的に100－２＝98匹が赤い金魚になればいいので、
198－98＝100匹を取り除けばいいのです。

A ×

これは黒い出目金の数では？

B ×

50って、どこから？

C 正解

新たに創設された プログラムで いい刺激を受けています

慶應義塾大学

商学部
商学科4年生

片亀《かたかめ》 萌花《もえか》さん

憧れだった ビジネスを学ぶ

— 慶應義塾大の商学部に入学した理由を教えてください。

「父の仕事の関係で、自宅にビジネス関連の書籍が多数ありました。それらを読んでいるうちに、ビジネスについて学んでみたいという気持ちが芽生え、経済学部や商学部をめざすようになりました。第1志望は東京大でしたが、慶應義塾大での生活もとても充実しています。」

— どんなことを学んでいますか。

「商学部では、簿記、経営学、経済学、微積分、統計学などの科目が必修です。統計学や微積分では、これまで勉強してきた数学の知識を活かせましたが、経済学はまったく触れたことのない概念が出てきたので、とても難しく感じました。そのほかに語学も必修で、英語とスペイン語を履修していました。

必修科目以外でおもしろかったのは社会学の講義です。私たちが普段なにげなくしている行動も、じつはある理論に基づいているということを学べたりと、講義を受けるなかで新たな発見や驚きが多々あり、興味深く受講していました。

中高時代の勉強

まずは問題を解いてみる

歴史などの科目は、まず暗記すべき事柄を覚えてから問題に取り組もうとしていましたが、それではなかなかうまくいかなかったので、問題を解きながら覚える方式に変えてみました。その際、関連する項目を調べたり、時代の流れを紙に書き出したりしたところ、以前より格段に頭に入ってくるようになりました。

また、英語と数学は積み重ねが大事な科目だと思います。例えば、受験学年になってから英単語を覚え始めるのと、読解問題に取り組み始めるのでは、スタートで大きく差が開いてしまいます。いまからコツコツ勉強しておくのがおすすめです。

大学生活エトセトラ

野球部のマネージャー

3年生の夏まで慶應義塾大医学部野球部のマネージャーをしていました。中高時代はラクロス部でプレーヤーとして活動していたので、大学では選手を支えるマネージャーとして活動したかったんです。

練習は週3日で、医学部だけで構成された医学部リーグに所属し、大会にも出場しています。春・夏・秋には合宿へも行きます。

最初は指示されたことをこなすことしかできませんでしたが、徐々に自分で色々なことを考えながら動け

GPPの一環でアメリカ・シリコンバレーへ

片亀さん（右端）と野球部マネージャーのみなさん

また、3年生の後期からは、2014年度(平成26年度)に商学部に創設された Global Passport Program（GPP）にも参加しています。」

――GPPについて詳しく教えてください。

「対象は3・4年生で、英語でビジネスを学ぶことを目的とした国際的なプログラムです。前期と後期それぞれで参加者の募集があり、学業成績（GPA）やTOEICのスコアをもとに選考が行われます。じつは3年生の前期にも応募しましたが、TOEICのスコアが周りよりも低く、選考から漏れてしまいました。それでもどうしても参加したかったので、スコアをあげて後期の選考に臨んだ結果、合格することができました。このプログラムを設立したのは商学部ですが、他学部の学生も参加できるので、法学部や経済学部などの学生も参加しています。

プログラムに参加すると、英語で行われる授業を受けるほか、海外へ研修に行ったり、半年をかけて3～4人の班ごとに1つのプレゼンテーションを作りあげたりします。

私たちの班では、石油エネルギーを扱う企業を財務面から分析し、今後の改善点などをまとめました。プレゼンテーションを完成させるのは苦労しましたが、取り組みを通じて、財務分析のおもしろさに気づくことができました。

GPPに参加している人は意欲的な人が多く、彼らに感化されて、私ももっと頑張ろうと気持ちを新たに勉強に励むようになりました。大変なことも多いですが、それ以上に得るものがたくさんあるプログラムだと思います。」

――おすすめの場所はありますか。

「三田キャンパス南校舎7階の屋上テラスは見晴らしがよくておすすめです。夜景もきれいで、東京タワーが見えるんです。個人的にお気に入りなのはパソコン室です。私にとってとても居心地がよく、ここで課題などをやっていると落ち着きます。」

――今後について教えてください。

「現在、就職活動中です。元々は自動車メーカーを志望していましたが、色々な企業のインターンに参加して、証券会社や投資銀行といった金融関連や、エネルギー関連の業界にも興味を持つようになり、どの業界をめざそうか、いまとても悩んでいます。いずれにしても、男女関係なく、女性でも活躍できるような職場で働きたいと思っています。」

るようになってきて、やりがいも感じるようになりました。

受験時の思い出

合宿でできた友だち

高2の夏に、東京大の合格をめざす人が集まる塾の合宿に参加しました。合宿では同じ班の子や、合宿に来ていた現役大学生の先輩と仲良くなりました。推薦で先に他大学に合格した子がお守りを送ってくれたのはとても嬉しかったですし、ほかの子ともメールでお互いに励ましあっていました。

受験生へのメッセージ

息抜きと追い込みを

私は大学受験のときに自分を追い込みすぎてしまって、結構苦しい思いをしました。いまとなっては、休み時間は友だちと話す息抜きの時間にすればよかったと思いますが、当時は休み時間も勉強しなければ…と思い込んでいたんです。息抜きをしなかったためストレスも溜まる一方で、悪循環でした。

でも、自分を追い込むことはすべてが悪いことではないと思います。周りが受験に対してのんびりとかまえているなかでも、その雰囲気に流されず自分に厳しく接した経験は、いまの自分の糧になっています。

ですからみなさんも、適度に息抜きをしつつ、適度に自分を追い込んで、受験勉強を頑張ってほしいです。

サクニュー！ ニュースを入手しろ!!

SUCCESS News

産経新聞編集委員 大野敏明

今月のキーワード

2015年度国家予算成立

2015年度（平成27年度）の国家予算が4月9日に成立しました。予算は3月末までに成立するのが普通ですが、色々な混乱があって、今回は2年ぶりに新年度に入ってからの成立となりました。国家予算は財務省が各省庁の要望を聞いたうえで、原案を作成して政府にあげ、それに検討、修正を加えて政府が政府案として国会に提出します。今回は1月14日に閣議で政府案を決定し、2月12日に国会に提出されました。

国家予算には一般会計と特別会計があります。特別会計とは保険、基金、年金などの予算のことで、それぞれが単独で運用されます。一般会計は建設、福祉、厚生、教育、防衛など私たちの生活に密着した一般的な予算のことです。

今年度の一般会計予算は96兆3420億円で、昨年度より4597億円多い過去最高額となりました。歳出を見ると、社会保障費が31兆5297億円で32.7%を占め、次いで地方交付金交付税が15兆5357億円、16.1%となっています。みなさんに関係ある文教及び科学振興費は5兆3613億円、防衛費は4兆9801億円です。また国の借金を返すための国債償還費が23兆4507億円、全体の4分の1近い24.3%を占めています。

一方の歳入ですが、税収などが54兆5250億円、56.6%、国債などの借金が36兆8630億円、38.3%です。予算の約4割は借金で、借金によって予算が立てられていることがわかります。借金をなくす財政の健全化は待ったなしといわれていますが、簡単ではありません。

⬆PHOTO
2015年度予算を与党などの賛成多数で可決する参院予算委員会（2015年4月9日午後、東京・国会内）写真：時事

国家予算は国会の議決によって成立しますが、憲法60条では予算に関して衆議院の優越が規定されています。まず、予算は先に衆議院に提出しなくてはなりません。そして、衆議院と参議院で、予算に関して異なる議決をし、かつ、両院協議会でまとまらない場合と、衆議院が予算を可決して参議院に送ったものの、参議院が30日以内に議決をしない場合は、衆議院の議決を国の議決とするというものです。これは衆議院と参議院が対立して、いつまでも予算が成立しないと困ることから、設けられた条文です。

なお、今回のように予算の成立が新年度にずれ込んだ場合は、政府は4月1日から成立までの期間、暫定予算を組んで、国家の運営や国民生活に支障のないようにします。

あれも日本語 これも日本語

「ヘビ」にちなむ慣用句

今回は、ヘビにちなんだ慣用句をみてみよう。

「蛇《じゃ》の道は蛇《へび》」。「蛇《じゃ》」は大きいヘビ、「蛇《へび》」は小さいヘビのこと。大きいヘビが通った跡は、小さいヘビでもわかるという意味から、同類の者は互いに事情に通じあっているという意味だよ。

「蛇足《だそく》」。古代中国で、ヘビの絵を早く描いた者が酒をもらえるという競争で、最初に描き終えた者が時間が余ったといって、ヘビに足を書き加えたために、失格してしまったという故事から、余計なことをして失敗することを意味する言葉だ。

「蛇《へび》の生殺し」は、完全に死んでしまったわけではないが、回復できない状態で放っておかれることから、しかるべき仕事などが与えられないで、やることがない状態をいうんだ。

「役職を外れて仕事がなくなり、蛇の生殺し状態だ」なんて使う。

「やぶ蛇《へび》」。正しくは「やぶをつついて蛇を出す」。わざわざやぶをつついて寝ているヘビを起こし、噛まれることから、余計なことをして災いを招くことだ。

「蛇《へび》ににらまれた蛙《かえる》」。ヘビはカエルの天敵。天敵ににらまれたらすくんでしまって手も足も出ないね。そんな状態だ。

「柔道の1回戦で、昨年の優勝者にあたり、ヘビににらまれたカエルみたいに動けなくなっちゃった」なんて感じかな。

「蛇《じゃ》は寸にして人を呑《の》む」。大蛇は小さいときから、相手を飲み込むほどの勢いがあるという意味で、大物や英雄は小さいときから、それなりの風格や態度を示すという意味だ。

「鬼が出るか蛇《じゃ》が出るか」。恐る恐る歩いていて、次はいったいなにが出るのか、鬼が出てくるのか、それとも大蛇なのか、そんな次から次へと困難が続く状況のことだ。

「竜頭蛇尾《りゅうとうだび》」は四字熟語だね。頭は竜だけど、しっぽはヘビということから、最初は勢いが盛んなのに、終わりになるにしたがって勢いがなくなることだ。

「彼は夏休みに勉強を頑張るって張りきって始めたけど、段々なまけるようになっちゃった。竜頭蛇尾だ」なんて言われないようにしようね。

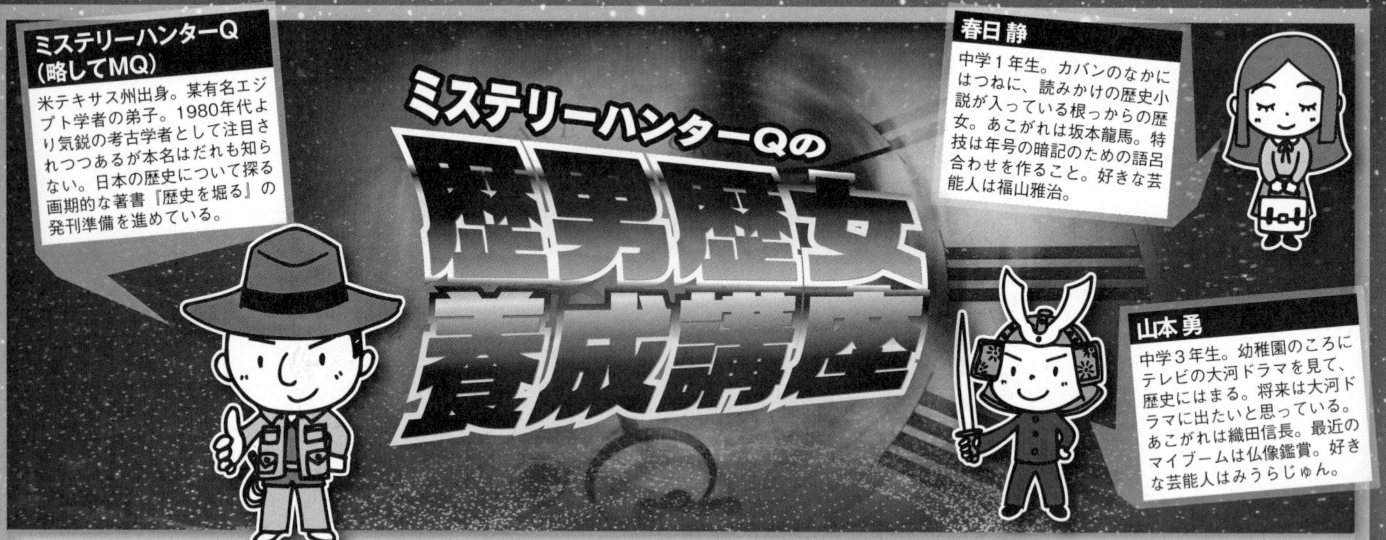
ミステリーハンターQの
歴男歴女
養成講座
ミステリーハンターQ（略してMQ）
米テキサス州出身。某有名エジプト学者の弟子。1980年代より気鋭の考古学者として注目されつつあるが本名はだれも知らない。日本の歴史について探る画期的な著書『歴史を掘る』の発刊準備を進めている。
春日 静
中学１年生。カバンのなかにはつねに、読みかけの歴史小説が入っている根っからの歴女。あこがれは坂本龍馬。特技は年号の暗記のための語呂合わせを作ること。好きな芸能人は福山雅治。
山本 勇
中学３年生。幼稚園のころにテレビの大河ドラマを見て、歴史にはまる。将来は大河ドラマに出たいと思っている。あこがれは織田信長。最近のマイブームは仏像鑑賞。好きな芸能人はみうらじゅん。

天平文化

3号連続で古代の文化を学ぶ最終回は天平《てんぴょう》文化だ。唐の影響を強く受けた仏教文化であることが特徴だよ。

MQ 今回は古代文化の3番目、天平文化について考えてみよう。

静 天平文化の時代は、いつごろになるの？

MQ 天平文化は、8世紀、聖武天皇を中心とした奈良時代の文化の総称だ。710年に奈良の平城京に遷都したのはみんなも知っているよね。その19年後の天平元年から、766年の天平神護《てんぴょうじんご》2年までが核になるんだよ。

勇 どんな特徴があるの？

MQ なんといっても仏教文化だということだね。これまでみた飛鳥《あすか》文化、白鳳《はくほう》文化も仏教文化だけど、天平文化は唐の影響を大きく受けていることが特徴だ。

静 唐の影響って、どんな影響？

MQ 仏教を信仰することで、国家を守り、発展させていくという「鎮《ちん》護国家《ごこっか》」の考えが浸透していくんだ。この考えは唐の影響だよ。その結果、奈良に東大寺を建立し、全国にその分身ともいえる国分寺《こくぶんじ》、国分尼寺《こくぶんにじ》を建立していくんだ。

勇 東大寺の大仏は有名だね。

MQ 修学旅行で行く人も多いね。天平文化のもう1つの特徴はダイナミックなことだ。東大寺の大仏を見てもそれはわかる。

また、写実的になったことも特徴なんだよ。興福寺の十大弟子や八部衆などがそうだ。

木材の外に乾漆《かんしつ》など、材料が多様化したことが大きい。東大寺戒壇院《かいだんいん》の四天王像などの仏像や仏画も盛んに作られたんだ。

静 東大寺以外ではどんなお寺があるの？

MQ 薬師寺東塔、法隆寺の夢殿《ゆめどの》、唐招提寺《とうしょうだいじ》の金堂《こんどう》など奈良を代表する寺院がそうだね。絵画では正倉院《しょうそういん》の「鳥毛立女屏風《とりげりつじょのびょうぶ》」、薬師寺の「吉祥天《きちじょうてん》女画像《にょがぞう》」などが有名だ。正倉院には、聖武天皇の愛用の品々が納められているよ。

勇 仏教以外ではなにがあるの？

MQ 唐の影響を受けて、律令国家としての体裁を整えたことがあげられる。701年に大宝律令ができて、律令体制が完成するわけだ。また、古事記、日本書紀が編纂《へんさん》されたのもこの時期だよ。

静 仏教以外にも色々な分野が発展した時代なのね。

MQ 万葉集や懐風藻《かいふうそう》といった文学や、風土記などの地誌が編まれるのも天平時代だ。天平文化というのは、唐の影響を受けながらも、国家の体裁を整え、日本独自の文化が芽生え始めた時代ともいえるね。

でけ〜
すてき♡

科学への入り口は色々なところにある

◆『ルリボシカミキリの青 福岡ハカセができるまで』
著／福岡 伸一
刊行／文藝春秋社
価格／476円＋税

今月の1冊 『ルリボシカミキリの青 福岡ハカセができるまで』

サクセス書評 6月号

前号の『知ろうとすること。』（早野龍五・糸井重里 著）に引き続いて、科学者による本を紹介しよう。

『生物と無生物のあいだ』（講談社刊）、『動的平衡』（木楽舎刊）などのベストセラーを世に送り出している福岡伸一という生物学者がいる。

自分のことを「福岡ハカセ」と呼ぶが、「実は誰にでもハカセになることができます。そのために必要なことはたったひとつ。何か好きなことがあること、そしてその好きなことがずっと好きであり続けられること」と語る。

昆虫少年だった福岡ハカセは、まずチョウに心を奪われたあと、タイトルにもあるルリボシカミキリに憧れる。この小さなカミキリムシのどこに憧れたのか。それは、「その青色は、どんな絵の具をもってしても描けないくらいあざやかで深く青い。こんな青は、フェルメールだって出すことができない」ほどのルリボシカミキリの色だった。それほどの美しさを持つ虫にひかれ、そのまま彼は生物学者への道を歩んだ。

ただ一方で、いま好きなことがそのまま職業につながる必要はない、とも福岡ハカセは言う。なにか1つ好きなことがあり、それを好きであり続けることで、その道のりがみんなを励ましてくれる、と。

その福岡ハカセが、世の中のささいな事柄を、さまざまな切り口から科学の世界と結びつけて、私たちに紹介してくれているエッセイ集が、この『ルリボシカミキリの青―福岡ハカセができるまで』だ。

テーマは多岐にわたる。花粉症、スズメバチ、新学期の憂鬱《ゆううつ》さ、入試問題、コラーゲンの正体、そばvsうどん、卑弥呼の墓、風鈴と脳とホタルなどなど。ここにあげただけでも、かなり幅広い。というか、どんなことが書かれているのかわからなくなるような多様なテーマがあることがわかるだろう。

1つのテーマについてのエッセイは2ページ半ほどなので非常に読みやすく、また、専門的な内容が含まれているけれど、わかりやすく書かれているので、勉強の合間などに読むのに最適だ。

サクセスシネマ

SUCCESS CINEMA vol. 64

ライバルの存在

あしたのジョー

2011年／日本
監督：曽利文彦

『あしたのジョー スタンダード・エディション』
DVD発売中
3,800円＋税
発売元：TBS・講談社
販売元：東宝

男同士の壮絶なボクシング対決

昭和40年代、２人のボクサーを描いた漫画が大人気となりました。当時の少年たちは、だれもが彼らの対決に夢中になったものです。本作はその実写版です。

ケンカばかりの荒れた生活を送る矢吹丈（ジョー）。ある日、元ボクサーの丹下段平に出会い、ボクサーの素質を見出されます。しかし、問題を起こしジョーは少年院へ。そこで、プロボクサーの力石徹と出会います。更正を目的に行われたボクシング大会でジョーと力石が対戦。力石に打ちのめされるも、１発をあびせたジョーは出所後、丹下のもとで練習に励みプロボクサーに。一方、力石もジョーの才能に気づいており、再戦を強く望みます。２人の対決の行方はいかに！

実力を認めあいながらも、相手を打ち負かしたいという２人の強い思いが伝わってきます。ライバルがいるからこそ高みをめざし厳しい練習に臨む、そのストイックさに心打たれることでしょう。壮絶な減量の様子や激しいファイティングシーンなど目が離せない場面が盛りだくさん。みなさんも一世を風靡《ふうび》した男同士の対決を見てはいかがでしょう。

トイ・ストーリー

1995年／アメリカ
監督：ジョン・ラセター

『トイ・ストーリー MovieNEX』
Blu-ray・DVD発売中
4,000円＋税
発売：ウォルト・ディズニー・スタジオ・ジャパン

愛らしさあふれるおもちゃの世界

みなさんは子どものころ、自分の大好きな人形やぬいぐるみが生きていればいいのに！　と思ったことはありませんか？　おもちゃが、人間の見ていないところでは自由に動いて言葉を話す、そんな夢のような世界を描いたアニメです。

カウボーイの人形・ウッディはアンディ少年のお気に入り。しかし、そんなウッディの存在をおびやかす新たなおもちゃが登場します。それはスペース・レンジャーの人形バズ・ライトイヤーです。アンディは、ほかのおもちゃをそっちのけでバズに夢中。この日からウッディとバズのライバル対決が始まります。そして、この小さないざこざが、大きな事件へと発展してしまうのです…。

一見、おもちゃ同士のたわいもないケンカに見える２人の対決ですが、ものにあふれる現代社会で、ものを愛しみ大切にしてほしいというメッセージを感じます。おもちゃが持ち主の愛情をなんとか得ようとする姿は愛らしさ満点！　ハラハラドキドキの展開と合わせて、おもちゃたちの個性あるかわいいキャラクターや愉快な会話を楽しんでください。

武士道シックスティーン

2010年／日本
監督：古厩智之

『武士道シックスティーン』
DVD発売中　4,700円＋税
発売元：ポニーキャニオン
販売元：ポニーキャニオン

対照的な剣士２人の成長物語

考え方も、性格もまったく違う２人の女子高生を描いた青春映画です。

剣道一筋の生活を送ってきた磯山香織と、楽しむことをモットーに剣道をする西荻早苗。２人の最初の出会いは中学生最後の剣道大会でした。早苗の独特の足さばきに翻弄《ほんろう》され、無敵のはずの香織がまさかの敗戦。香織はリベンジを誓い、早苗と同じ高校へ進学します。しかし、剣道部で再会した早苗は、試合をしてもなぜか逃げ腰。香織はそんなライバルの不甲斐なさに我慢ならず、なんとか早苗の実力を引き出そうとするのですが…。

勝つことを最優先に考える香織と、勝負にこだわらない早苗は、まさに対照的。しかし、正反対だからこそ自分に足りない部分が見えてくるのかもしれません。ぶつかりながら迷いながら、切磋琢磨していく２人の様子がはつらつと描かれています。ライバルは互いにいい影響を与えながら高めあえる存在なのだと、香織と早苗を見ていると感じます。

原作は誉田哲也のベストセラー小説。根底に流れる武士道精神の強さ、美しさも感じられる作品です。

あたまをよくする健康

ナースでありママであり
いつも元気なFUMIYOが
みなさんを元気にします！

by FUMIYO

今月のテーマ

筋肉痛

ハロー！　Fumiyoです。みなさんは、筋肉痛になって、痛くて動けなくなった経験はありますか？　筋肉痛はいつも使わない筋肉を使ったときに起こりやすいのですが、体育の授業や部活動などでよく身体を動かしている人は、あまり経験したことがないかもしれませんね。

私は初めてスノーボードに行った翌日、筋肉痛になってしまいました。仕事があるのにベッドから起きられず、やっとの思いで着替えて家を出たものの、駅の階段を昇るのもひと苦労、降りるときは足がハの字になり、ロボットのようになっていました。その日の仕事中の様子は、ご想像にお任せします（苦笑）。

筋肉痛が起こる原因としてよく知られているのは、筋肉に乳酸が溜まり、痛みを引き起こすという説です。しかし、考えられる説がほかにもあり、筋肉痛が起こる原因は完全に解明されているわけではありません。

私のように生活に支障を出さないためにも、筋肉痛になったときにどうすれば早く回復できるのか、そのポイントをご紹介します。

①軽めの有酸素運動を行う

筋肉痛で痛いからといって身体をそのまま動かさないでいると、さらに筋肉が硬くなってしまいます。有酸素運動を行うことで、血液の循環がよくなり、筋肉内に溜まっている乳酸を排出させやすくなります。

②ストレッチ運動をする

硬くなった筋肉をゆっくり伸ばすことによって、筋肉がほぐれ、血流がよくなります。

③クエン酸の含まれている食材をとる

クエン酸は、乳酸を抑える働きがあると言われています。レモンや梅干しなどのほかに、黒酢にも多く含まれています。

④お風呂に入る

ゆっくり湯船につかり、血行をよくしましょう。また、筋肉痛の部分にお湯と水を交互にかけ、刺激を与えるのもおすすめです。こうすることで乳酸が排出されやすくなるのです。ただし、冷たい水に身体がビックリしないように注意してください。

⑤十分な睡眠を取る

身体を休めるために、睡眠は重要です。睡眠中に分泌される成長ホルモンには、疲労回復効果をはじめ、さまざまな働きがあります。

筋肉痛は、身体がとても頑張った証拠です。筋肉痛になってしまったときは、これらの対処法を思い出して、身体をいたわってあげてください。そして、筋肉痛から回復したら、元気な身体で勉強に取り組みましょう。

Q1

成長ホルモンはどの時間帯に多く分泌されているでしょう。

①レム睡眠時　②ノンレム睡眠時　③どの時間帯も同じくらい

正解は、②のノンレム睡眠時です。

睡眠中は浅い眠りのレム睡眠と、深い眠りのノンレム睡眠を繰り返しています。成長ホルモンは、とくに眠ってから最初に訪れるノンレム睡眠時に多く分泌されています。

Q2

有酸素運動ではない運動は次のうちどれでしょう。

①エアロビクス　②ランニング　③短距離走

正解は、③の短距離走です。

有酸素運動とは、ある程度身体に負荷をかけながら、一定時間継続して行う運動のことです。20分以上続けると効果を発揮し、筋肉痛の改善だけでなくダイエットにもつながります。

なんとなく得した気分になる話

生徒　先生

身の回りにある、知っていると
勉強の役に立つかもしれない知識をお届け!!

できないできないもうできない！

できないできないもうできない！

どうしたの？

どうしたもこうしたも、数学できない！

キミにしては珍しいね。いったい数学のなにができないの？

点数が悪い…。ここんとこダメなんだ。いつもならできる問題でもまったくダメ！

なにが引き金になったんだい？

引き金？

テストがあったんじゃないのかい？　そのテストが悪かったから、ダメだダメだと言ってるんじゃないの？

なんでわかったの？　そう、塾のテストが最近ずっと悪い。これじゃあ、クラスも落ちる。

塾は、そこがいいところだ。いつも生徒に危機感を持たせる。だから成績が下がればクラスも落ちるわけだよ。学校ではできないからね。

先生は塾肯定派なの？

塾も学校も肯定派だよ。役割が違うんだよ。

役割？

そうだ。塾も学校も勉強には変わりない。しかし、学校は原理を学ぶ。例えば、三角形の合同条件はなぜあの3つなのか。塾はその合同条件をいつ使うかに気づくための問題を解くことがメインだ。

役割ね…。

なんでもそうだけど、役割は大事だ。お母さんがガミガミならお父さんはあまりガミガミ言わないとか。

そういえば、うちはパパがうるさい。ママはいつでも優しい。

そこが役割だね。

いまね、塾を変えようかと思ってるんだ。

どうして変えるの？

だって、成績が下がってきたんだもん。お母さんも成績上がらないんだったら塾を変えたら？って。

うーん。あまりすすめないなあ。それね、医学の世界では“ドクターショッピング”って言うんだよ。

ドクターショッピング？

そう。つまり、ある病院で治療をお願いしているのに、すぐに治らないからと別の病院へ行き、そこですぐに治らないと、また違う病院へと、まるでデパートのウィンドウショッピングみたいな感じで病院を回っているから、ドクターショッピングというんだよ。

なんか、似ているね。

治らなければ病院を変えたくなる気持ちはわかるけど、病気は検査をしないと治療法がわからないから、結局、病院を変わるたびに、また1から検査が始まる。だから、治療にいたるまで時間が余計にかかるんだ。

ということは。ぼくが塾を変わると、また1から学力診断テストがあるわけだね。

その1度のテストで失敗したら？

困る…。

成績が伸びないからと、すぐに塾を変えたり、勉強法を変えるのは、自分から逃げているのと同じこと。きちんと、自分と向きあわないと。

なんか、先生らしい発言だね。

こら、からかうな！

いまの塾でしっかりやるよ。

そうだ。まずは続けよう。

学校こそ、ドクターショッピングできたらいいのに。

えっ？

だって、学校は先生選べないし…。

こらっ！　こっちだって生徒は選べないんだぞ。これは、教育的に選べない我慢を勉強するんだ。

じゃあ、先生はいまのクラス、我慢してるんだね。

えっ、いやあ…。

高校受験 ここが知りたい Q&A

Q　国語の論説文の問題が苦手です。どうしたら克服できますか。

Question

国語は好きなのですが、論説文が題材となった長文問題がうまく解けません。なんとなくわかった気がして解答しても、どうもポイントをはずしてしまうようです。どうすれば正解するようになるでしょうか。

（川崎市・中3・KH）

A　筆者が伝えたいことを読み取るようにしましょう。

Answer

高校入試の国語の問題において、長文読解として出題される論説文や説明文は大きな比重を占めます。国語自体が苦手なわけではないようなので、論説文に対する苦手意識はなじみのなさからきているのだと思います。きっと物語文などは的確に読み取ることができるのでしょう。

確かに、論説文は内容が平易ではないこともあるため、読みづらく感じてしまうかもしれません。そんなときはまず、なぜ筆者がその文章を書いたのかを考えてみましょう。それは、「伝えたい内容」があるからです。筆者がなにをテーマとし、どんな主張を展開したいのか、その部分を冷静に読み解いていきましょう。

また、論説文を読む際、接続詞に注意して読み進めるのもポイントです。接続詞にはそれぞれ用法があり、その後ろにまとめが来たり、反論を展開したり、別の視点に話題を移したりというように、考え方の筋道を整理する役目を果たしています。

段落ごとの主張をとらえることも大切です。筆者の意見だけでなく、一般的にはどのように論じられているのか、反対意見はあるのか、テーマに関連する事項はどんな内容なのか、などの視点で読んでみてはどうでしょう。

難しい、苦手だ、と思い込んでしまわずに、筆者とじっくり対話するような気持ちで論説文に取り組んでみてください。

Success Ranking

世界の住みやすい都市ランキング

これからの時代は、日本以外で生活する機会を得る人もますます多くなるだろう。そんなわけで、今回はグローバル情報誌の『モノクル』や週刊新聞『エコノミスト』（ともにイギリス）が昨年発表した、世界の住みやすい都市のランキングをご紹介。

『モノクル』版

順位	都市名	国・地域名
1	**コペンハーゲン**	デンマーク
2	東京	日本
3	メルボルン	オーストラリア
4	ストックホルム	スウェーデン
5	ヘルシンキ	フィンランド
6	ウィーン	オーストリア
7	チューリッヒ	スイス
8	ミュンヘン	ドイツ
9	京都	日本
10	福岡	日本
11	シドニー	オーストラリア
12	オークランド	ニュージーランド
13	香港	香港
14	ベルリン	ドイツ
15	バンクーバー	カナダ
16	シンガポール	シンガポール
17	マドリッド	スペイン
18	パリ	フランス
19	アムステルダム	オランダ
20	ハンブルグ	ドイツ

『エコノミスト』版

順位	都市名	国名
1	**メルボルン**	オーストラリア
2	ウィーン	オーストリア
3	バンクーバー	カナダ
4	トロント	カナダ
5	アデレード	オーストラリア
5	カルガリー	カナダ
7	シドニー	オーストラリア
8	ヘルシンキ	フィンランド
9	パース	オーストラリア
10	オークランド	ニュージーランド
11	チューリッヒ	スイス
12	ジュネーブ	スイス
13	大阪	日本
14	ハンブルグ	ドイツ
15	ストックホルム	スウェーデン
16	モントリオール	カナダ
17	パリ	フランス
18	フランクフルト	ドイツ
19	東京	日本
20	ブリスベン	オーストラリア

受験情報

15歳の考現学

高校受験して入学する私立高校
難関大学に進めるチャンスは？

私立高校受験

2015年度都内私立高校
入試概況リポート

公立高校受検

2015年度千葉県・埼玉県
公立高校入試結果

高校入試の基礎知識

千葉県公立高校入試は
どのように行われるか

首都圏

今年度からのSGHに首都圏では10校を指定

文部科学省は2015年度（〜5年間）のSGH（スーパーグローバルハイスクール）に全国56校を指定した。

今年度指定されたのは、首都圏では下記の10校。また、SGHアソシエイトにも全国55校、首都圏で15校が指定されている。

【2015年度SGH指定校（首都圏）】

国立校　東京学芸大附属国際中等教育学校、東京工業大学附属科学技術（東京）

公立校　県立不動岡（埼玉）、県立成田国際、県立松尾（千葉）、横浜市立南（神奈川）

私立校　早大本庄（埼玉）、青山学院、富士見丘（東京）、法政大女子（神奈川）

この制度は2014年度にスタート、その初年度も全国56校（アソシエイト54校）が指定されている。

埼玉

大宮西は中等教育学校化で高校募集停止

さいたま市教委が、「グローバル化先進校」として位置づけていた、市立大宮西を改編して設立する中等教育学校の基本計画を発表した。これによって、大宮西の生徒募集は2017年度を最後に停止されることになる。

「グローバル人材の育成」をめざして6年間を通じた独自のカリキュラムを組み、2019年の開校をめざすという新たな中等教育学校の生徒数は1学年160人で計960人。

計画では、1クラス40人、1学年4クラスで編成。入学は前期課程（中学相当）からのみとし、後期課程（高校相当）の募集はしない。入試方法や新たな校名については今後検討するとしている。

さいたま市には、中高一貫校として、すでに併設型の市立浦和がある。

中学生のための学習パズル

今月号の問題

Q 英語パズル

1〜10の英文の説明（末尾の数字はその単語の文字数を表しています）に合う単語はなんでしょうか。

それぞれの単語を右のパズル面から探し出して、例のように1つずつブロック分けしてください。単語はすべてタテ・ヨコにつながっています。全部のブロック分けが終わったら、マス目に残る7個の文字を組み合わせてできる、学校生活に関係のある単語を答えてください。

1 【例】The color of lemons or butter（6）

2 An animal like a mouse with wings, that flies and feeds at night（3）

3 A building in which objects of artistic, cultural, historical or scientific interest are kept and shown to the public（6）

4 The day of the week after Monday and before Wednesday（7）

5 The part of the face that sticks out above the mouth, used for breathing and smelling things（4）

6 A tool for cutting paper or cloth, that has two sharp blades with handles, joined together in the middle（8）

7 A long pointed orange root vegetable（6）

8 A person whose job is to take care of people's teeth（7）

9 A drop of liquid that comes out of your eye when you cry（4）

10 The direction that is on your left when you watch the sun rise（5）

L	L	O	W	T	R	Y
E	T	S	A	U	E	A
Y	R	I	E	S	S	D
I	A	T	D	O	N	L
T	E	N	E	R	O	T
S	I	C	A	R	B	M
S	R	S	C	E	S	U
O	N	O	M	U	T	A
R	S	R	T	H	Y	B

4月号学習パズル当選者

全正解者48名

広瀬　拓未さん（千葉県千葉市・中3）

親見　歩武さん（埼玉県さいたま市・中2）

吉浪　正敬さん（千葉県千葉市・小6）

応募方法

●必須記入事項

01　クイズの答え
02　住所
03　氏名（フリガナ）
04　学年
05　年齢
06　右のアンケート解答

◎すべての項目にお答えのうえ、ご応募ください。
◎ハガキ・FAX・e-mailのいずれかでご応募ください。
◎正解者のなかから抽選で3名の方に図書カードをプレゼントいたします。
◎当選者の発表は本誌2015年8月号誌上の予定です。

●下記のアンケートにお答えください。

A今月号でおもしろかった記事とその理由
B今後、特集してほしい企画
C今後、取り上げてほしい高校など
Dその他、本誌をお読みになっての感想

◆応募締切日 2015年6月15日（当日消印有効）

◆あて先

〒101-0047　東京都千代田区内神田2-4-2
グローバル教育出版　サクセス編集室
FAX：03-5939-6014
e-mail:success15@g-ap.com

に挑戦!!

日《に》本《ほん》大《だい》学《がく》第《だい》三《さん》高等学校

問題

次の各組の英文がほぼ同じ意味になるように、(　) 内に入る適語をそれぞれ答えなさい。

(1) It was very cold, but we went out.
(　　) (　　) was very cold, we went out.

(2) She is very pretty, so everyone loves her.
She is (　　) (　　) that everyone loves her.

(3) My brother speaks French better than I.
I don't speak French (　　) (　　) as my brother.

(4) My parents have never been to Africa before.
This is (　　) (　　) trip to Africa for my parents.

(5) I am free this afternoon.
I have (　　) (　　) do this afternoon.

解答　(1) Though it　(2) so pretty　(3) as well　(4) the first　(5) nothing to

■ 東京都町田市図師町11-2375
■ 小田急線「町田駅」・JR横浜線「町田駅」「淵野辺駅」・京王相模原線ほか「多摩センター駅」バス
■ 042-789-5535
■ http://www.nichidai3.ed.jp/

部活体験期間　要予約
8月18日（火）～8月28日（金）

高校説明会
すべて13：45～15：15
第1回　10月24日（土）
第2回　11月14日（土）
第3回　12月5日（土）

三黌祭（文化祭）
両日とも9：00～15：00
10月31日（土）
11月1日（日）

八《はち》王《おう》子《じ》学《がく》園《えん》八《はち》王《おう》子《じ》高等学校

問題

右の図で，点Oは原点，曲線①は関数 $y=\frac{1}{6}x^2$ のグラフである。曲線①上の点で，y 座標が $\frac{2}{3}$ である点のうち，x 座標が負であるものをA，正であるものをBとする。このとき，次の各問いに答えよ。ただし，座標軸の1目盛りを1cmとする。

(1) 点Aの x 座標を求めよ。

(2) 曲線①上に，x 座標が点Bの x 座標よりも大きくなるような点Pをとる。△OABの面積と△OBPの面積が等しいとき，次の (i)，(ii) に答えよ。
(i) 点Pの座標を求めよ。
(ii) △OAPを y 軸の周りに1回転させてできる立体の体積を求めよ。

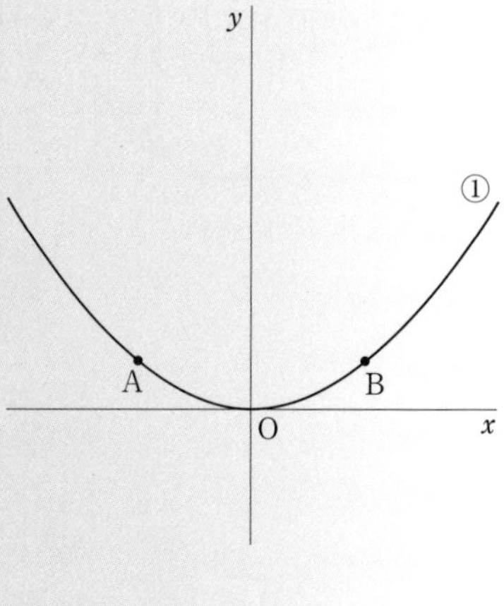

解答　(1) -2　(2) (i) P $\left(4,\ \frac{8}{3}\right)$　(ii) $\frac{656}{81}\pi$

■ 東京都八王子市台町4-35-1
■ JR中央線「西八王子駅」徒歩5分
■ 042-623-3461
■ http://www.hachioji.ed.jp/

文理特進コース・進学コース説明会　要予約
8月1日（土）　8月22日（土）
9月12日（土）　10月10日（土）
10月24日（土）　10月31日（土）

総合進学クラス・アスリートコース説明会　要予約
8月22日（土）　10月17日（土）

八学祭（学園祭）
9月26日（土）　9月27日（日）

全学授業公開
10月17日（土）

enjoy部活体験　要予約
9月5日（土）　9月12日（土）

私立高校の　入試問題

鎌《かま》倉《くら》学《がく》園《えん》高等学校

■ 神奈川県鎌倉市山ノ内110

■ JR横須賀線「北鎌倉駅」徒歩13分

■ 0467-22-0994

■ http://www.kamagaku.ac.jp/

学園祭

両日とも10：00～15：00
6月13日（土）　6月14日（日）
※入試相談コーナーあり

入試説明会　要予約

10月24日（土）　10：00～11：30
11月14日（土）　10：00～11：30
　　　　　　　　13：30～15：00
11月28日（土）　10：00～11：30

入試個別相談

12月5日（土）　10：00～12：00

問題

図のように，AB＝12，BC＝10，CA＝8である△ABCと外接円があります。∠BACの角の2等分線と辺BC，弧BCとの交点をそれぞれD，Eとします。次の問いに答えなさい。

(1) BDの長さを求めなさい。

(2) AD＝xとおくとき，DEの長さをxで表しなさい。

(3) ADの長さを求めなさい。

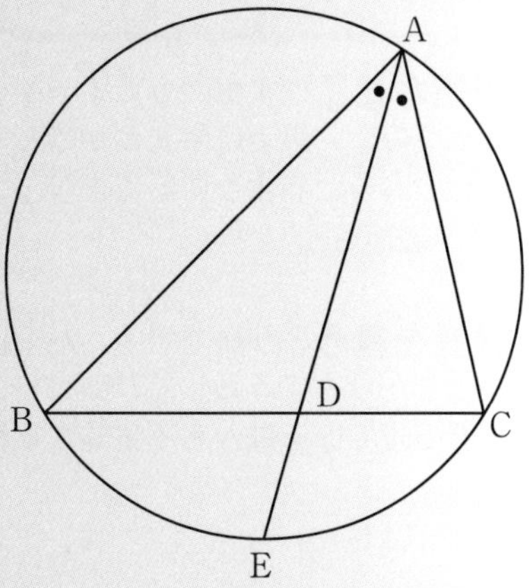

解答　(1) 6　(2) $\frac{24}{x}$ほかに$\frac{96}{x}-x$なども可　(3) $6\sqrt{2}$

淑《しゅく》徳《とく》高等学校

■ 東京都板橋区前野町5-14-1

■ 東武東上線「ときわ台駅」・都営三田線「志村三丁目駅」徒歩13分、西武池袋線「練馬高野台駅」スクールバス、JR京浜東北線ほか「赤羽駅」バス

■ 03-3969-7411

■ http://www.shukutoku.ed.jp/

問題

A, Bの2人が同じ道筋で, Aは学校から駅に向かって, Bは駅から学校に向かって, それぞれ一定の速さで歩いた。BはAより2分遅れて出発し，午前11時52分に文房具屋の前でAとすれちがい，正午ちょうどに学校に着き，AはBが学校に着いた7分後に駅に着いた。Aが学校から文房具屋の前まで歩くのにかかった時間をx分とするとき，次の問いに答えなさい。

(1) Bが駅から文房具屋まで歩くのにかかった時間は［①］分である。①に入るxの式を求めなさい。

(2) x：［②］＝［③］：［①］が成り立つような②，③に入る数をそれぞれ答えなさい。

(3) Bが駅を出た時刻を求めなさい。

解例　(1) $x-2$　(2) ②8　③15　(3) 11時42分

＼みんなの／
お便りコーナー サクセス広場

テーマ
行ってみたい都道府県

雪が好きだけど関東はあまり降らないから、**北海道**に行って雪まみれになりながらかまくらを作ってみたい！
（中３・ゆきんこさん）

リンゴ大好き！　**青森県**へ行って、お腹いっぱいリンゴを食べたい。
（中２・こりんさん）

いまアツいのは北陸ってことで、**石川県**に行きたい！　もちろん行くときは北陸新幹線に乗って行きます！
（中１・ほくほくさん）

大阪府ですねー！　１回でいいので、夏の甲子園を見に行きたい。
（中３・モスさん）

鳥取県です。砂丘ってどんなところかすごく興味があるので。裸足で歩くと気持ちよさそうですよね！
（中３・梨も好きさん）

出雲大社のある**島根県**です。神さまがみんな集まる場所ってなんかすごくないですか？　行ってみたいな～。
（中２・神隠しさん）

沖縄県です。好きな人が沖縄に引っ越してしまったので、美ら海水族館でデートしたい！
（中２・片思い中さん）

テーマ
自分のここを直したい！

短気なとこですね。すぐイライラしちゃうので、最近は牛乳とか飲んでカルシウムをとるようにしてます。
（中２・激怒さん）

寝言を言うのが嫌です！　たまに笑い出したりもするらしく、いっしょの部屋で寝ている妹から不気味がられます…。
（中１・K.I.さん）

自分が**のんびり屋**だということに最近気がつきました。急いでいるつもりでも、周りから見るとゆっくりだったらしいので、直したいです。
（中３・すろーりーさん）

方向音痴を直したい…。１人で知らない土地に行くと、必ずといっていいほど迷うんです。
（中３・GPSさん）

すぐに**人のせいにしてしまう**ところ。失敗すると、まず「あいつのせいだ」とか考えてしまいます。それじゃダメだと思っているんですけど…。
（中２・弱気の虫さん）

足が遅いので、速くなりたい！　速い男の子に走り方を聞いたりするのですが、なかなかうまくいきません。だれか教えてくれませんか？
（中３・あだ名はカメさん）

テーマ
好きなパン

ダントツで**シナモンロール**。自分で作っちゃうぐらい好きです。
（中３・シナモンロールパンナさん）

フランクロールでしょ、やっぱり。フランクフルトにケチャップとかマヨネーズとかがかかっているのがパンとよく合っておいしすぎる！
（中１・フランクフルト行きたいさん）

メロンパン。初めて食べたとき、メロンが入ってるかと思ったのに入ってなくてショックを受けたけど、予想以上においしくて大好きになった。
（中３・果汁さん）

カレーパンがめちゃくちゃ好きです。最近はなかに玉子が入っているのがお気に入りです。
（中２・中辛さん）

クイニーアマンっていうお菓子みたいな甘いパンが好き。外がカリカリしてればしてるほどおいしい。
（中１・パン屋になりたいさん）

必須記入事項

A／テーマ、その理由　B／住所　C／氏名
D／学年　E／ご意見、ご感想など

ハガキ、FAX、メールを下記までどしどしお寄せください!
住所・氏名は正しく書いてください!!
ペンネームは氏名のうしろに（ ）で書いてネ!
【例】サク山太郎（サクちゃん）

宛先

〒101-0047　東京都千代田区内神田2-4-2
グローバル教育出版　サクセス編集室
FAX:03-5939-6014
e-mail:success15@g-ap.com

募集中のテーマ

「自分の一番好きな時間」
「励まされたひと言」
「好きな歴史上の人物は?」

応募〆切 2015年6月15日

ここにメールしてね!!

success15

ケータイ・スマホから上のQRコードを読み取り、メールすることもできます。

Present!!
掲載された方には抽選で**図書カード**をお届けします!

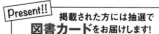

サクセス イベントスケジュール

5月～6月

世間で注目のイベントを紹介

衣替え

6月は、夏服への衣替えの時季だ。みんなの通う中学校でも、制服の衣替えがあるよね。衣替えの習慣は歴史が古く、なんと平安時代の宮中行事から始まっているんだ。着物の種類が増えた江戸時代には、年に4回も衣替えをしていたそうだ。年に4回もあったら、着物の管理も大変そうだね。

＼女性画家による日本画展／

【特別展】上村松園 生誕140年記念 松園と華麗なる女性画家たち

4月18日（土）～6月21日（日）
山種美術館

美しい初夏の季節にぴったりの展覧会を紹介しよう。明治から昭和にかけて活躍し、清らかで端正な女性を描いた作品を多く残した女性画家の上村松園《しょうえん》。山種美術館では、松園の生誕140年を記念し、女性画家の作品を集めた展覧会が開かれている。松園のほかにも、野口小蘋《しょうひん》、小倉遊亀《ゆき》、片岡球子など多彩な女性画家たちの日本画を見ることができるよ。

上村松園《春芳》1940（昭和15）年 絹本・彩色 山種美術館

＼アジア最大級、アートの祭典！／

デザインフェスタ vol.41

5月16日（土）・5月17日（日）
東京ビッグサイト

デザインフェスタは、1万人以上のアーティストが参加するアジア最大級のアートの祭典だ。プロ・アマを問わず、年齢・ジャンル・国籍も関係なく、「表現すること」に喜びや楽しみを感じる人々の発表の場であることが特徴だ。広い会場にあらゆるアートがひしめきあう様子は一見の価値あり。興味のある人はぜひ足を運んでみてほしい。

＼幻の壁画制作計画に迫る／

レオナルド・ダ・ヴィンチと「アンギアーリの戦い」展

5月26日（火）～8月9日（日）
東京富士美術館

現在は失われてしまったイタリア・フィレンツェにあるシニョリーア宮殿（現ヴェッキオ宮殿）の大評議会広間（現在の「五百人広間」）に描かれたレオナルド・ダ・ヴィンチの謎多き壁画「アンギアーリの戦い」。レオナルド自身による同壁画のための習作素描や、壁画の模写作品や派生作品、関連する資料などから、その謎と魅力に迫る。

16世紀の画家《アンギアーリの戦い（タヴォラ・ドーリア）》16世紀 油彩／板 85・0×115・0㎝ ウフィツィ美術館蔵（東京富士美術館より寄贈）

「レオナルド・ダ・ヴィンチと『アンギアーリの戦い』展」の招待券を10組20名様にプレゼントします。応募方法は下記を参照。

仮面 コディアック（アラスカ） Kodiak Mask (Alaska) ©musée du quai Branly, photo Sandrine Expilly

＼あやしい魅力！ 仮面の世界／

フランス国立ケ・ブランリ美術館所蔵 マスク展

4月25日（土）～6月30日（火）
東京都庭園美術館

フランスの国立ケ・ブランリ美術館から、マスク（仮面）をテーマにしたコレクションが来日。アフリカ、アジア、オセアニア、アメリカから集められたさまざまな種類の仮面を鑑賞できる、ちょっと変わった、でもおもしろい展覧会だ。日本の能面も出展されているよ。それぞれの仮面の持つ形の美しさや力強さを感じてみよう。

フランス・パリ ©Mitsuaki Iwago

＼ネコ好き必見！ の写真展／

岩合光昭の世界ネコ歩き写真展

5月20日（水）～6月1日（月）
日本橋三越本店 本館・新館7階ギャラリー

ネコのかわいい表情や仕草を写した写真がいっぱい！ ネコ好きさんに全力でおすすめしたいのがこちら。動物写真家・岩合光昭氏が世界の街角でネコを撮影するNHK BSプレミアムの人気番組「岩合光昭の世界ネコ歩き」の写真展だ。岩合氏が世界中で出会ったネコたちの写真作品を中心に、番組未公開映像を加えた約200点が展示されるよ。

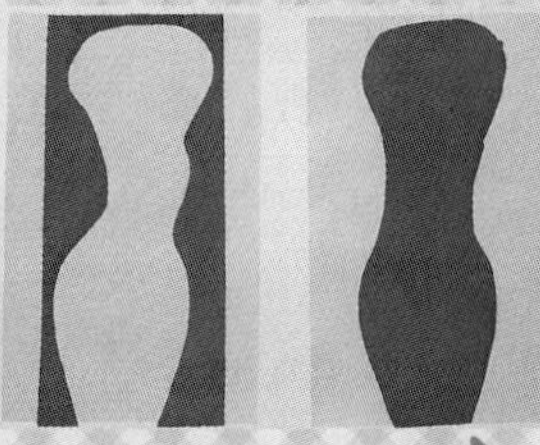

アンリ・マティス《「ジャズ」9 形態》1947年 ステンシル、紙 40・8×57・7㎝ 所蔵：神奈川県立近代美術館

＼シンプルな美のかたちとは／

シンプルなかたち展 美はどこからくるのか

4月25日（土）～7月5日（日）
森美術館

単純で美しい、そんな「シンプルなかたち」に魅力を感じたことはないだろうか。森美術館のリニューアル・オープンを記念して開催されるこの展覧会では、先史時代の石器から、現代アートまで、時代やジャンルを越えて古今東西から集められたたくさんの「シンプルなかたち」を一堂に展示。私たちを取り巻くシンプルな美の存在に気づかされるはず。

招待券プレゼント! 希望する展覧会の名称・住所・氏名・年齢・「サクセス15」を読んでのご意見ご感想を明記のうえ、編集部までお送りください（応募締切2015年6月15日必着 あて先は69ページ参照）。当選の発表は賞品の発送をもってかえさせていただきます。

メ〜
ニュ〜

Success15 fifteen Back Number

サクセス15 バックナンバー好評発売中!

高校受験ガイドブック2015 5
早稲田アカデミー 提携
Success15
夢が広がる高校選びの情報満載!
先輩教えてください!
合格をつかむための13の質問
数学ってこんなにおもしろい!
数の不思議
SCHOOL EXPRESS
早稲田大学高等学院
FOCUS ON 公立高校
神奈川県立湘南高等学校

2015 5月号

先輩教えて！　合格をつかむための13の質問

数学っておもしろい！数の不思議

SCHOOL EXPRESS
早稲田大学高等学院

Focus on 公立高校
神奈川県立湘南

2015 4月号

国立・公立・私立 徹底比較2015

東大生オススメ ブックレビュー

SCHOOL EXPRESS
早稲田実業学校高等部

Focus on 公立高校
神奈川県立横浜緑ケ丘

2015 3月号

もっと知りたい！ 高大連携教育

宇宙について学べる施設

SCHOOL EXPRESS
国際基督教大学

Focus on 公立高校
茨城県立土浦第一

2015 2月号

受験生必見！ 入試直前ガイダンス

2014年こんなことがありました

SCHOOL EXPRESS
昭和学院秀英

Focus on 公立高校
東京都立青山

2015 1月号

学年別 冬休みの過ごし方

パワースポットで合格祈願

SCHOOL EXPRESS
慶應義塾湘南藤沢

Focus on 公立高校
千葉県立千葉東

2014 12月号

いまから知ろう！ 首都圏難関私立大学

スキマ時間の使い方

SCHOOL EXPRESS
明治大学付属明治

Focus on 公立高校
埼玉県立川越

2014 11月号

過去問演習 5つのポイント

本気で使える文房具

SCHOOL EXPRESS
立教新座

Focus on 公立高校
神奈川県立柏陽

2014 10月号

大学生の先輩に聞く 2学期から伸びる勉強のコツ

「ディベート」の魅力とは

SCHOOL EXPRESS
筑波大学附属駒場

Focus on 公立高校
千葉県立薬園台

2014 9月号

こんなに楽しい！
高校の体育祭・文化祭

英語でことわざ

SCHOOL EXPRESS 渋谷教育学園幕張

Focus on 公立高校 東京都立国分寺

2014 8月号

2014年
夏休み徹底活用術

夏バテしない身体作り

SCHOOL EXPRESS 市川

Focus on 公立高校 埼玉県立川越女子

2014 7月号

イチから考える
志望校の選び方

日本全国なんでもベスト3

SCHOOL EXPRESS 筑波大学附属

Focus on 公立高校 東京都立三田

2014 6月号

難関国立・私立校の
入試問題分析2014

快眠のススメ

SCHOOL EXPRESS 豊島岡女子学園

Focus on 公立高校 埼玉県立春日部

2014 5月号

先輩に聞く!!
難関校合格への軌跡

高校図書館＆オススメ本

SCHOOL EXPRESS お茶の水女子大学附属

Focus on 公立高校 神奈川県立厚木

2014 4月号

勉強も部活動も頑張りたいキミに
両立のコツ、教えます

水族館・動物園などのガイドツアー

SCHOOL EXPRESS 慶應義塾

Focus on 公立高校 東京都立駒場

2014 3月号

どんなことをしているの？
高校生の個人研究・卒業論文

理系知識を活かしたコンテスト

SCHOOL EXPRESS 東京学芸大学附属

Focus on 公立高校 千葉県立船橋

2014 2月号

勉強から不安解消まで
先輩たちの受験直前体験談

合格祈願グッズ

SCHOOL EXPRESS 開成

Focus on 公立高校 千葉県立千葉

これより前のバックナンバーはホームページでご覧いただけます（http://success.waseda-ac.net/）

How to order バックナンバーのお求めは

バックナンバーのご注文は電話・ＦＡＸ・ホームページにてお受けしております。詳しくは80ページの「information」をご覧ください。

＜コーナー名＞

＜本文中記事＞

“個別指導”だからできること × “早稲アカ”だからできること

- 難関校にも対応できる
- 弱点科目を集中的に学習できる
- 最終授業が20時から受けられる
- 早稲アカのカリキュラムで学習できる

広がる早稲田アカデミー個別指導ネットワーク

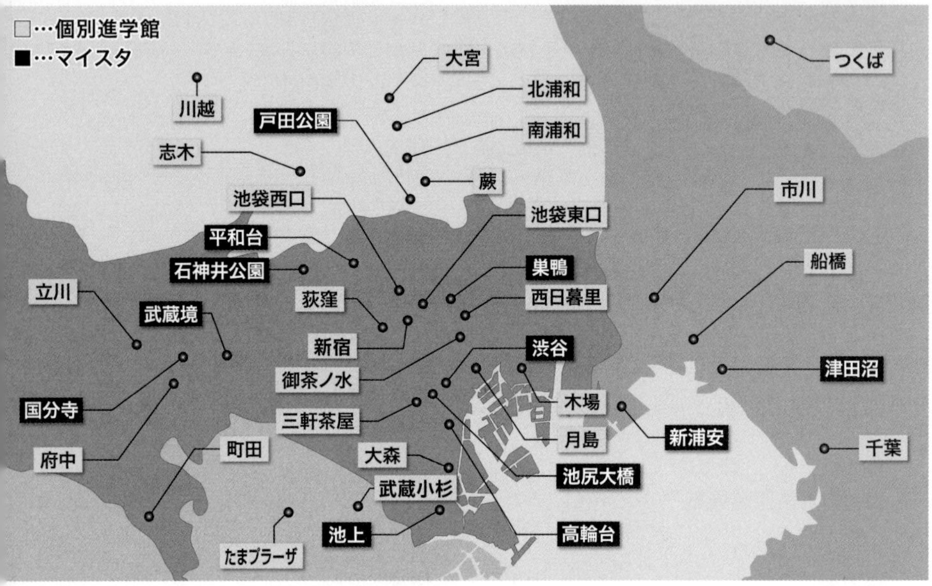

□…個別進学館
■…マイスタ
大宮
つくば
川越
北浦和
戸田公園
南浦和
志木
蕨
池袋西口
市川
池袋東口
平和台
巣鴨
船橋
石神井公園
西日暮里
立川
荻窪
武蔵境
新宿
渋谷
津田沼
御茶ノ水
木場
国分寺
三軒茶屋
新浦安
月島
府中
町田
大森
千葉
池尻大橋
武蔵小杉
池上
高輪台
たまプラーザ

マイスタは2001年に池尻大橋教室・戸田公園教室の2校でスタートし、個別進学館は2010年の志木校の1校でスタートした、早稲田アカデミーの個別指導ブランドです。お子様の状況に応じて受講時間・受講科目が選べます。また、早稲田アカデミーの個別指導なので、集団授業と同内容を個別指導で受講することができます。マイスタは1授業80分で1：1または1：2の指導形式です。個別進学館は1授業90分で指導形式は1：2となっています。カリキュラムなどはお子様の学習状況、志望校などにより異なってきます。お気軽にお近くの教室・校舎にお問い合わせください。

悩んでいます… 中2

クラブチームに所属していて、近くの早稲アカに通いたいのに、曜日が合わない科目があります。

解決します！

早稲アカの個別指導では、集団校舎のカリキュラムに準拠した指導が受けられます。数学だけ曜日があわないのであれば、数学だけ個別で受講することも可能です。もちろん、3科目を個別指導で受講することもできます。

悩んでいます… 中3

いよいよ受験学年。中２の途中から英語が難しくなってきて、中３の学習内容が理解できるか心配です。

解決します！

個別指導はひとりひとりに合わせたカリキュラムを作成します。集団校舎で中３内容を、個別指導では中２内容を学習することも可能です。早稲田アカデミー集団校舎にお通いの場合は、担当と連携し、最適なカリキュラムを提案します。

悩んでいます… 中3

中２範囲の一次関数がとても苦手です。自分でやろうとしても分からないことだらけで…。

解決します！

個別指導では範囲を絞った学習も可能です。一次関数だけ、平方根だけなど、苦手な部分を集中的に学習することで理解を深めることができます。『説明を聞く→自分で解く』この繰り返しで、分かるをできるにかえていきます。

小・中・高 全学年対応／難関受験・個別指導・人材育成

早稲田アカデミー個別進学館

WASEDA ACADEMY KOBETSU SCHOOL

お問い合わせ・お申し込みは最寄りの個別進学館各校舎までお気軽に！

池袋西口校 03-5992-5901	池袋東口校 03-3971-1611	大森校 03-5746-3377	荻窪校 03-3220-0611	御茶ノ水校 03-3259-8411
木場校 03-6458-5153	三軒茶屋校 03-5779-8678	新宿校 03-3370-2911	立川校 042-548-0788	月島校 03-3531-3860
西日暮里校 03-3802-1101	府中校 042-314-1222	町田校 042-720-4331	たまプラーザ校 045-901-9101	武蔵小杉校 044-739-3557
大宮校 048-650-7225	川越校 049-277-5143	北浦和校 048-822-6801	志木校 048-485-6520	南浦和校 048-882-5721
蕨　校 048-444-3355	市川校 047-303-3739	千葉校 043-302-5811	船橋校 047-411-1099	つくば校 029-855-2660

MYSTA

早稲田アカデミー 個別指導マイスタ

お問い合わせ・お申し込みは最寄りのMYSTA各教室までお気軽に！

渋谷教室 03-3409-2311	池尻大橋教室 03-3485-8111	高輪台教室 03-3443-4781
池上教室 03-3751-2141	巣鴨教室 03-5394-2911	平和台教室 03-5399-0811
石神井公園教室 03-3997-9011	武蔵境教室 0422-33-6311	国分寺教室 042-328-6711
戸田公園教室 048-432-7651	新浦安教室 047-355-4711	津田沼教室 047-474-5021

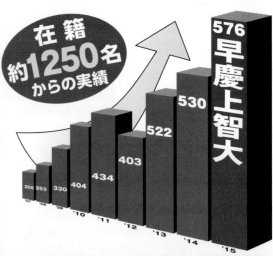

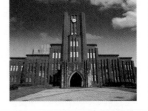

大学受験も 早稲田アカデミー SUCCESS18

2015年大学入試実績

昨年比UP!! **東京大学** 最難関 理科Ⅲ類 3名合格 **66名合格!**

当塾史上最高数更新!! **早慶上智大 576名合格!**

当塾史上最高数更新!! **GMARCH理科大 830名合格!**

東大必勝コース1組在籍者の東大進学率は文・理ともに約72%(一般の合格率34%)

東大進学率
72%

東大必勝コース
文系1組

東大進学率
約72%

東大必勝コース
理系1組

高3在籍者約1250名に対する合格者数の割合

576名合格
46%
にあたる人数

早慶上智大

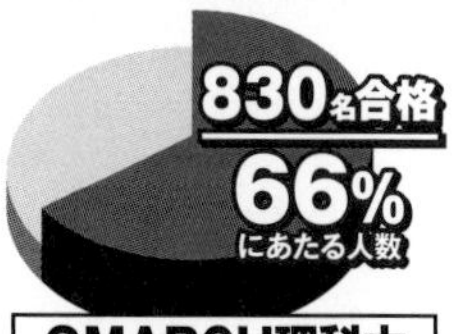

830名合格
66%
にあたる人数

GMARCH理科大

※高3在籍者約1250名に対して46%にあたる576名が早慶上智大へ、66%にあたる830名がGMARCH理科大へ合格しました。

高1から在籍した人はこんなに大きく伸びます

高1からの在籍で偏差値65以上の早慶上智大合格者の**53%**は高校1年生のときには偏差値40〜50台だった。

高1から通って夢がかなった!
60以上
47%
40〜50台
53%

※2015年大学入試　早慶上智大合格者の高1生シニアテスト(英・数・国)偏差値より

2015年度 大学入試合格体験記

東京大学［理科Ⅰ類］合格

早稲田大学［創造理工学部］

栗嶋 寛基（私立開成高校）

最高の学び舎

僕は、高一から早稲田アカデミーにお世話になりました。早稲田アカデミーの授業は、オリジナル教材を用いながら、講義・演習・ディスカッションなど、それぞれの科目に適した授業形態をとっていて、本質をより簡単に学ぶことができました。また、授業中の教室には心地よい緊張感が保たれていたので、本質をより簡単に学ぶことが出来ましたし、集中して勉強に取り組むことが出来ました。高3になると毎週日曜日に東大必勝講座が設けられ、東大頻出の単元に絞った演習をこなすことで、東大受験において大きなアドバンテージを獲得することが出来たと思います。さらに、センター試験が終わると、毎週テストゼミが行われ、テストに対する経験値を高めるとともに、周りのライバルたちと切磋琢磨することで、受験当日まで高いモチベーションを維持することが出来ました。勉強面以外においても、早稲田アカデミーには、質の高い自習室や、きれいなラウンジといったような勉強する上で役に立つ設備も充実していて、受験勉強する上で素晴らしい環境だったと思います。かなり有効活用させていただきました。僕が合格できたのは早稲田アカデミーのおかげだと思います。ありがとうございました。

東京大学［文科Ⅰ類］合格

早稲田大学［法学部］、明治大学［法学部］

米澤 友美子（私立桜蔭高校）

早稲アカに通い続けて

10年前、小学校2年生の冬。偶然家のポストに入っていた一通のダイレクトメールがきっかけで私は早稲田アカデミーに入塾しました。その後10年もの間早稲アカに通い続けることになろうとは当時は思いも寄りませんでした。東大を目指す、ということは長く苦しい戦いです。東大を諦めようと思うことが何度もありました。特に高1の時は数学は定期テストでも40点台、英語は教科書レベルの英文の読解にも四苦八苦、国語はまともに文字が読めないという状態で、とても東大に合格できる学力ではありませんでした。しかし、早稲アカの先生方の個性豊かでかつ受験という枠にとらわれない高度な授業、生徒一人一人に即した熱意あふれる学習指導のおかげでなんとか東大に合格にできる学力を身につけることができました。また、先生方がこまめに声をかけて下さったり、中学受験の時にお世話になった先生までもが応援して下さったりと精神的な面でも支えてもらいました。先生と生徒が一丸となって入試に臨める早稲アカだったからこそ、私は東大に合格することができました。小学校2年生の時、幼いながらに私の下した、早稲田アカデミーという選択の正しさは、10年の時を経て桜蔭、そして東大合格という形で証明されたと思います。

一橋大学［法学部］合格

慶應義塾大学［経済学部・商学部・総合政策学部］

林 遼太郎（私立駒場東邦高校）

サクセスで得たもの

僕は4年間サクセスに通っていました。小学校時代早稲アカに通っていたこともあり、友人や熱い先生方の雰囲気に自然と溶け込んでいきました。が、本当に受験を考えたのは高2の冬からで、ただ漠然と一橋大に入れればくらいにしか思っていませんでした。しかし、本格的に塾の自習室にも行くようになってからは、次第に受験を考えるようになっていました。サクセスは、大手塾とは違って、友人が作りやすく、互いに意識し合い、競い合える環境にあり、「自分もやらなきゃ」という危機感が芽生えるような環境です。だから、自然と高3にもなると、必死で勉強に取り組むことができるのだと思います。誰しも、自分の勉強に不安を抱くと思います。自分自身、そうした不安を経験しました。そんな時、僕を救ってくれたのは塾の方々でした。周りの人に話すことで気持ちが楽になったのです。そして、最後まで勉強に食らいつくべきだと思います。現役生は、年明けの直前期一気に伸びるというのは本当です。なので、試験当日まで諦めないで下さい。そして、本番は緊張するものです。僕は、センター前日から全く眠れず、という状態でした。しかし、そんな状態を楽しむことも、受験の一環です。周りを見て、「自分のほうができる」と言い聞かせるのも成功するための方法の一つです。また今まで一生懸命に勉強してきた自分を振り返るのも一つだと言えるでしょう。いずれにせよ、自分を信じ、試験開始直前まであがいてください。

早稲田大学［社会学部］合格

明治大学［商学部・政治経済学部］

郭 翔一（私立成城高校）

早稲アカ最高!!

私が早稲田アカデミーサクセス18に入塾したのは中学3年生の
です。当時はもちろん受験を意識することもなく、学校の定期試験
勉強すらまともにやらない状態でした。しかし、FITなどのサクセ
18の充実したシステムにより、低学年のうちから学習習慣を身に
けることができ、本格的に受験勉強をする前から学力の基盤を作る
とができたのはよかったです。本格的に受験勉強を開始しようと考
た時、何をどのように勉強するか具体的な計画を自分では立てるこ
はできませんでした。しかし、今年度から導入されたサクセスダイ
リーを使用することにより、しだいに計画をたてることができるよ
になり、受験の直前期には効率的に時間を使うことができるよう
なっていました。そして何よりも受験勉強に逃げずに取り組むこと
できたのは先生達の熱い授業のおかげです。古居先生の厳しくも厳
いからこそやる気の出る授業や、幸長先生の数々の励ましの言葉や
新里先生の面白くも奥深い授業のおかげでモチベーションを保つこ
ができました。また、ラウンジなどで塾の仲間達と励ましあうこと
より、お互いに切磋琢磨し高めあうことができました。サクセス
の皆に支えられ、合格することができました。本当にありがとうご
いました。早稲田アカデミーサクセス18は最高!塾を選ぶ時にこ
塾を選んだのは最良の選択でした!

早稲田アカデミー 本気、現役合格

現役生難関大受験専門塾サクセスエイティーン **SUCCESS18**

大学受験部 ☎03(5954)3581(代)

パソコン・スマホで 早稲田アカデミー 検索 ➡「高校生コース」をクリック

高校生対象

医学部現役合格

医学部受験専門エキスパート講師が生徒が解けるまでつきっきりで指導する!
だから最難関の医学部にも現役合格できる!

医学部という同じ目標を持つ仲間と切磋琢磨!
現役合格は狭き門。入試でのライバルは高卒生。

一部の高校を除き、医学部志望者がクラスに多数いることは非常に稀です。同じ目標を持つ生徒が集まる野田クルゼの環境こそが、医学部現役合格への厳しい道のりを乗り越える原動力となります。

また、医学部受験生の約70%は高卒生です。現役合格のためには早期からしっかりとした英語、数学の基礎固めと、理科への対応が欠かせません。

30%
高3生
70%
高卒生

■医学部受験生の割合

25%
その他の原因
75%
理科の学習不足
原因

■現役合格を逃した原因

- **Point 1** 一人ひとりを徹底把握 **目の行き届く少人数指導**
- **Point 2** 医学部専門の **定着を重視した復習型の授業**
- **Point 3** 受験のエキスパート **東大系主力講師陣**
- **Point 4** いつでも先生が対応してくれる **充実の質問対応と個別指導**
- **Point 5** 推薦・AO入試も完全対応 **経験に基づく万全の進路指導**
- **Point 6** 医学部の最新情報が全て集 **蓄積している入試データが桁違い**

Success15

From Editors

もうすぐ梅雨の季節。「外で遊べなくても、家にいるのはやだな…」、そんな雨の日にぴったりのスポットが、美術館や博物館です。屋内なので雨に濡れる心配なく楽しめることはもちろんですが、中学生のみなさんにおすすめしたい理由がもう1つあります。それは、美術館や博物館で開催される展覧会では、中学生以下は料金を無料としているところが多いこと。つまり、お金を払わなくても一流の美術品や珍しい展示物などを自由に見ることができるんです。展覧会情報などは、73ページの「イベントスケジュール」でも紹介しています（料金は行く前に必ず確認してくださいね）。雨の日も楽しく有意義に過ごしましょう！　(H)

6月号

高校受験ガイドブック2015⑥
早稲田アカデミー提携
Success15
サクセス15
キミもチャレンジしてみよう
高校入試数学問題特集
一度は行ってみたい！
世界&日本の世界遺産
SCHOOL EXPRESS
慶應義塾志木高等学校
FOCUS ON 公立高校
東京都立富士高等学校

Information

『サクセス15』は全国の書店にてお買い求めいただけますが、万が一、書店店頭に見当たらない場合は、書店にてご注文いただくか、弊社販売部、もしくはホームページ(下記)よりご注文ください。送料弊社負担にてお送りします。定期購読をご希望いただく場合も、上記と同様の方法でご連絡ください。

Opinion, Impression & etc

本誌をお読みになられてのご感想・ご意見・ご提言などがありましたら、ぜひ当編集室までお声をお寄せください。また、「こんな記事が読みたい」というご要望や、「こういうときはどうしたらいいの」といったご質問などもお待ちしております。今後の参考にさせていただきますので、よろしくお願いいたします。

サクセス編集室お問い合わせ先

TEL 03-5939-7928
FAX 03-5939-6014

高校受験ガイドブック2015 6 サクセス15

発行　2015年5月15日　初版第一刷発行
発行所　株式会社グローバル教育出版
〒101-0047 東京都千代田区内神田2-4-2
TEL　03-3253-5944
FAX　03-3253-5945
http://success.waseda-ac.net
e-mail　success15@g-ap.com
郵便振替　00130-3-779535
編集　サクセス編集室
編集協力　株式会社 早稲田アカデミー

Next Issue　7月号

Special 1

学校見学の極意を伝授
高校を見に行こう！

Special 2

中学生のための
手帳活用術

Focus on 公立高校

東京都立西高等学校

※特集内容および掲載校は変更されることがあります

清新なる価値の創造

桐朋中学校　桐朋高等学校

〒186-0004　東京都国立市中3-1-10
TEL(042)577-2171(代)／FAX(042)574-9898
インターネット・ホームページ　http://www.toho.ed.jp/

9784865120622

1926037008002

ISBN978-4-86512-062-2

C6037 ¥800E

定価：本体800円+税

グローバル教育出版

ココからはがして下さい
12
1/1
ISBN：9784865120622
受注No：127115
受注日付：241205
コメント：6037
書店CD：187280　28
客注